本书为国家自然科学基金项目（41261018）研究成果

基于云南省城镇上山战略的
山区建设用地适宜性评价
原理与方法研究

Study on the Principles and Methods of Evaluating the Mountainous
Land Suitability for Construction Based on the Strategy of
Constructing Cities and Towns on Mountainland in Yunnan Province

杨子生　赵乔贵　贺一梅　著

科学出版社
北　京

内 容 简 介

本书深入探讨山区建设用地适宜性评价基本原理、系统分析山区建设用地适宜性影响因素、科学构建评价指标体系、合理制定山区建设用地适宜性评价系统与技术模型的基础上，以云南省德宏州为实例，运用多种技术集成，进行山区建设用地适宜性评价的实证研究，并探索评价成果在编制"城镇上山"型土地利用规划中的应用模式与成效。对丰富和发展土地适宜性评价理论与方法、指导云南省乃至类似山区实施"城镇上山"战略具有重要意义和价值。本书为国家自然科学基金项目（41261018）研究成果。

本书可供土地资源管理、资源环境、地理、城镇规划等领域的高校师生、科研人员和管理人员阅读和参考。

图书在版编目（CIP）数据

基于云南省城镇上山战略的山区建设用地适宜性评价原理与方法研究/杨子生，赵乔贵，贺一梅著. —北京：科学出版社，2016.12
ISBN 978-7-03-051346-5

Ⅰ. ①基… Ⅱ. ①杨… ②赵… ③贺… Ⅲ. ①城镇–山区建设–土地规划–云南
Ⅳ. ①F299.277.4

中国版本图书馆 CIP 数据核字（2016）第 322778 号

责任编辑：胡　凯　王腾飞　王　希/责任校对：赵桂芬
责任印制：张　倩/封面设计：许　瑞

科 学 出 版 社 出版
北京东黄城根北街16号
邮政编码：100717
http://www.sciencep.com

北京通州皇家印刷厂印刷

科学出版社发行　各地新华书店经销

*

2016 年 12 月第 一 版　开本：889×1194　16
2016 年 12 月第一次印刷　印张：6 3/4　插页：1
字数：200 000

定价：69.00 元
（如有印装质量问题，我社负责调换）

前　　言

建设山地城市是 21 世纪城市建设的十大模式之一，日益受到许多国家的关注。因为建设山地城市（或城镇），不仅可以合理利用地理环境，使得建筑物错落有致，获得平原城市所无法比拟的自然景观和城市风貌；更为重要的是能节约土地资源，特别保护平原或平地（在云南俗称为坝子或坝区）优质耕地，保障粮食安全和可持续发展。

山地是具有一定海拔和坡度的特殊自然-人文综合体，其"先天"的生态环境具有脆弱性，这导致山地生态系统的不稳定性和生物生产力提高的困难性，并决定了山地生态系统反馈机制弱和破坏容易恢复难的特性，从而制约着山地资源开发利用和山区经济社会的发展。山地资源的不合理开发利用，极易导致山地人地关系的不协调，造成水土流失和生态退化，甚至酿成严重灾害。因此，山地（或坡地）的利用需要实施生态友好型的可持续利用方式，重视土地保护。随着我国城市化、工业化的快速推进，城镇建设规模不断扩大，但国家对耕地保护的力度亦不断加大，因而发展与保护的矛盾更加突出。为了拓展城市发展空间、同时保护平原或平地的优质耕地，中国国土资源部确定的对策之一是坡地开发，实施城镇和工业用地"上山"，并于 2011 年确定将甘肃、广西、湖北、云南等省（自治区）列入全国低丘缓坡综合开发利用试点省（自治区）。

甘肃兰州、陕西延安、湖北十堰、云南德宏等地掀起了轰轰烈烈的"削山造地、上山建城"工程或项目。湖北十堰自 2007 年开始"向山要地"，截至 2011 年年底，通过劈山造地，十堰累计新增建设用地 33km^2，城市建成区面积从原来的 52km^2 扩大到 70km^2。为保护日益减少的坝区耕地，云南省于 2011 年上半年确立了"城镇上山"——建设山地城镇的发展战略。2012 年 4 月开始，延安实施"上山建城"发展战略，轰轰烈烈地上演了现代版的"愚公移山"行动，一期工程在 10.5km^2 范围内削平 33 座山头，整个工程将用 10 年时间，通过"削山、填沟、造地、建城"，整理出 78.5km^2 的新城区建设面积，相当于在山上再造 2 个延安老城区的面积。兰州因土地紧张，从 2012 年年底引进民间投资 220 亿元，半年内推掉了 700 余座荒山，规划造地建新城总面积达 258km^2，相当于再造一个新兰州。"愚公移山，向山要地，上山建城"项目，在一些地方导致地质灾害发生频次增加和生态恶化，引起了媒体的热议和学者们的极大关注。

2014 年 6 月，世界顶尖级期刊 *Nature* 先后发表了 2 篇中国学者撰写的文章，有关"削山建城"的问题观点截然不同。其一是 2014 年 6 月 5 日，*Nature* 发表了长安大学李培月等撰写的 *Environment: Accelerate research on land creation*，对中国的"削山建城"运动提出了批评和警告，认为中国多个丘陵山区城市进行的"削山建城"工程存在着一定的环境、技术和经济风险，需要相关组织及专家，进行多部门协作，加强削山建城工程中的科学研究工作，尽快形成该类工程建设的相关规范，避免地质环境及生态环境问题的发生，降低该类项目的环境、技术和经济风险。其二是 2014 年 6 月 24 日，*Nature* 发表了中国科学院地理科学与资源研究所刘彦随等以通信（correspondence）形式发表的评论文章——*China's land creation project stands firm*，针对近期媒体热议的"中国平山造城导致地质灾害"等问题，以延安新区建设为例，阐释了自己的观点和看法，认为"上山建城"项目是稳定的。

对"削山建城"或"上山建城"这样的重大工程有不同的观点和看法是正常的，也只有通过深入的讨论、探索和实践，才会形成必要的共识，推动"上山建城"工程的合理进行。从土地利用与生态保护的角度看，实行城镇建设用地上山，首先要回答的是该上什么样的山地，不该上什么样的山地。实施"城镇上山"战略，其基础和支撑是开展山区城镇建设用地适宜性评价。从城市防灾角度看，城市土地利用规划与布局中的一个重要问题是对城市用地适宜性进行风险评价。事实上，国内外相关学者已将城市建设用地适宜性评价视为城市规划和城市土地利用规划的一项重要基础性工作。早在1933年的《雅典宪章》中就已经涉及了建设用地选择的理论，认为在城市规划中，针对不同性质的用地需要考虑土地的不同适宜性，并提出了城市的分区功能。1969年，美国景观建筑师McHarg教授出版的《自然界的设计》（*Design with Nature*）中提出的土地利用生态适宜性理论及其规划实践对后来的城市规划和城市用地综合评价产生了重要的影响。20世纪70年代以来，国际上各类土地适宜性评价的广泛开展，为城镇建设用地适宜性评价提供了较为成熟的理论体系，使城镇建设用地适宜性评价迅速展开，研究成果不断涌现。但总体上对山地（山区）城镇建设用地适宜性评价的研究尚属薄弱环节，其理论、方法尤其是评价指标体系、评价标准、技术方法模式等关键问题需要深入、广泛的探讨和实证研究。

为此，我们于2012年3月起草"基于云南省城镇上山战略的山区建设用地适宜性评价原理与方法研究"的项目申请书，并得到国家自然科学基金委员会的立项资助（项目批准号41261018）。本项目针对国内外山区建设用地适宜性评价理论方法和实践研究的薄弱性以及实施"城镇上山"战略、保护坝区优质耕地的重要性，基于云南省实施城镇上山战略的迫切需求，在深入探讨山区建设用地适宜性评价基本原理、系统分析山区建设用地适宜性影响因素、科学构建评价指标体系、合理制定山区建设用地适宜性评价系统与实用模型的基础上，以典型县（州、市）为实例，运用遥感、GIS技术、实地调查、现代评价模型、常规评价方法技术及综合分析等多种技术集成，进行山区建设用地适宜性评价的实证研究，并探索山区建设用地适宜性评价成果在实施城镇上山与基本农田下山战略、编制"城镇上山"型土地利用规划中的应用模式，进而总结和提炼一套科学、实用、易推广的山区建设用地适宜性评价原理与方法体系。不仅对丰富和发展土地适宜性评价理论与方法有着重要的科学意义，而且对云南省乃至类似山区实施"城镇上山"战略具有重要现实意义和实际应用价值。

在云南省实施"城镇上山"战略中，位于滇西南中低山区的德宏傣族景颇族自治州芒市和瑞丽市被确定为全省开展"城镇上山"型土地利用总体规划修编的试点县（市），进而扩展到全州，鉴此，本书主要选择德宏州，该州辖5个县（市）——芒市、瑞丽市、梁河县、盈江县和陇川县。本书旨在通过尝试性地开展德宏州山区城镇建设用地适宜性评价的研究，确定其山区适宜城镇建设的土地资源分布情况，探讨将城镇空间向山地扩展、发展山地型城镇、解决坝区耕地保护问题的可行性，以期为推进云南省乃至国内外类似山区加强坝区优质耕地保护、合理地建设山地城镇发展模式提供理论和技术支撑。

通过持续不断的研究工作，我们较为圆满地完成了研究。本书为国家自然科学基金资助项目的基本成果总结。全书分为七章，第一章"绪论"主要阐述背景、研究现状和本项研究的目的意义，确定了本项研究的主要内容、研究方法和技术路线；第二章"山区建设用地适宜性评价原理"在阐述山区建设用地适宜性评价的概念与内涵、总结和提炼山区建设用地适宜性评价主要基础理论的基础上，着重阐述山区建设用地适宜性评价的主要原则和基本内容，并阐明山区建设用地适宜性评价在实施"城镇上山"战略中的基础支撑作用；第三章"山区建设用地适宜性影响因素分析与评价指标体系构建"在分析山区建设用地适宜性影响因素（尤其是7个特殊因子）的基础上，科学地构建了一个合理、可行、可操作的山区建设用地适宜性评价指标体系；第四章"山区建设用地适宜性评价系统与技术模型方法"着重制定了山区建设用地适宜性评价系统，并探讨和确定山区建设用地适宜性评价技术模型方法，提出将"极限条件法"与"适宜性指数法"有机结合的技术方法和具体技术步骤；第五章"评价实例：德宏州山区建设用地适宜性评价"以德宏州为实例，尝试性地开展山区建设用地适宜性评价的实证研究，运用 GIS 技术分析和评定德宏州山区每一评价单元图斑的建设用地适宜性及其适宜等级，从而确定德宏州山区适宜城镇等建设的土地资源分布情况；第六章"山区建设用地适宜性评价成果在云南'城镇上山'型土地利用规划编制中的应用模式及其成效"先分析云南省调整城乡建设用地布局、强化坝区耕地保护、发展山地城镇的可行性，进而着重探讨山区建设用地适宜性评价成果在云南"城镇上山"型土地利用规划编制中的具体应用模式与应用成效。第七章"主要结论"总结和归纳本书的主要结论（包括三个方面：山区建设用地适宜性评价原理的探索、总结与提炼，山区建设用地适宜性评价指标体系、技术模型方法和评价系统的探索与构建，实证研究的主要结果和应用模式及成效）。

除本书作者之外，参加本项目研究工作的还有张博胜工程师及云南财经大学国土资源与持续发展研究所部分师生。书中插图由张博胜工程师制作。全书由项目主持人杨子生教授负责。书中的相关数据资料一般为截至 2013 年年末。

本书得到云南省国土资源厅、云南省第二次全国土地调查办公室、德宏州国土资源局及该州五个县（市）国土资源局等有关部门和单位的支持以及有关领导与专家的帮助，特此表示衷心的感谢！

限于时间和水平，书中不足、不妥之处在所难免，敬请同行专家学者和有识之士批评和指正！

云南财经大学国土资源与持续发展研究所

杨子生

2016 年 10 月 8 日于昆明

目　　录

前言

第一章　绪论 ………………………………………………………………………………… 1

　　第一节　背景与意义 …………………………………………………………………… 1

　　第二节　研究现状 ……………………………………………………………………… 2

　　第三节　目标与主要内容 ……………………………………………………………… 3

　　第四节　方法和路线 …………………………………………………………………… 4

　　参考文献 ………………………………………………………………………………… 5

第二章　山区建设用地适宜性评价原理 ………………………………………………… 7

　　第一节　山区建设用地适宜性评价的概念与内涵 …………………………………… 7

　　第二节　山区建设用地适宜性评价的基础理论 ……………………………………… 9

　　第三节　山区建设用地适宜性评价的主要原则 …………………………………… 12

　　第四节　山区建设用地适宜性评价的基本内容 …………………………………… 13

　　第五节　山区建设用地适宜性评价在实施"城镇上山"战略中的基础支撑作用 …… 14

　　参考文献 ……………………………………………………………………………… 17

第三章　山区建设用地适宜性影响因素分析与评价指标体系构建 ……………………… 19

　　第一节　我国低丘缓坡土地的概念与内涵探析 …………………………………… 19

　　第二节　山区建设用地适宜性影响因素分析 ……………………………………… 25

　　第三节　山区建设用地适宜性评价指标体系构建 ………………………………… 33

　　参考文献 ……………………………………………………………………………… 41

第四章　山区建设用地适宜性评价系统与技术模型方法 ………………………………… 44

　　第一节　山区建设用地适宜性评价系统 …………………………………………… 44

　　第二节　山区建设用地适宜性评价技术模型方法 ………………………………… 48

　　参考文献 ……………………………………………………………………………… 52

第五章　评价实例：德宏州山区建设用地适宜性评价 …………………………………… 54

　　第一节　研究区域概况 ……………………………………………………………… 54

　　第二节　评价范围的确定 …………………………………………………………… 59

　　第三节　评价单元的选择 …………………………………………………………… 60

　　第四节　基础数据和图件来源 ……………………………………………………… 60

　　第五节　评价的基本结果 …………………………………………………………… 61

　　第六节　德宏州山区建设用地适宜性状况分析 …………………………………… 67

　　参考文献 ……………………………………………………………………………… 87

第六章　山区建设用地适宜性评价成果在云南"城镇上山"型土地利用规划编制中的应用模式

　　　　　及其成效 ……………………………………………………………………… 88

　　第一节　调整城乡建设用地布局、强化坝区耕地保护、发展山地城镇的可行性分析 ……… 88

第二节　山区建设用地适宜性评价成果在云南"城镇上山" 型土地利用规划编制中的
　　　　应用模式 ·· 89
第三节　山区建设用地适宜性评价成果在"城镇上山"型土地利用规划编制中的应用成效 ······ 91
参考文献 ··· 93
第七章　主要结论 ··· 94
附图

第一章 绪 论

第一节 背景与意义

一、研究背景

土地适宜性评价在土地利用规划和土地利用管理中起着基础性作用[1-5]。联合国粮农组织（FAO）1993年出版的《土地利用规划指南》中指出土地适宜性评价可称之为"技术导向"的土地利用规划阶段[6]，表明它是土地合理利用的基础工作[7]，备受重视。20世纪70年代以来所开展的土地适宜性评价主要是为农业生产服务，即大多属于"农业土地适宜性评价"的范畴。一方面，农业土地适宜性评价正持续地深入开展；另一方面，城市用地、旅游用地、土地整理复垦以及其他用地的土地适宜性评价日渐增多[8]。

从当前乃至未来耕地保护与建设占用耕地的尖锐矛盾来看，土地适宜性评价将在城市化战略和城镇发展建设中发挥重要的基础性作用。随着人口不断增长和经济社会持续发展，城市化、工业化进程快速推进，城镇用地和工业用地逐年显著增加，使耕地保护与建设占用耕地的矛盾日益尖锐化。国土资源部拟定坡地开发，实施建设用地"上山"。2011年9月，国土资源部确定云南省、湖北省十堰市等地作为首批全国低丘缓坡综合开发利用试点省、市[9]。

云南是一个典型人地矛盾较为突出的边疆山区省份，全省山地和高原占94%，坝子仅占6%[10]。这里的"坝子"（flatland），是云贵高原上局部平原地方的俗称，主要分布在山间盆地、河谷和山麓地带，既是云南主要农业生产区，又是城镇化和工业化主要区域。目前，云南坝区约有30%被建设用地占用，坝区优质耕地减少势头迅猛。若不改变传统用地方式，全省坝区可能在未来被占尽，从而失去区域粮食安全和可持续发展基础。在此严峻形势下，云南省委、省政府于2011年上半年提出"城镇上山"——建设山地城镇的发展战略。其核心是：城镇建设和工业用地项目尽量"上山上坡"，多用山坡地尤其是荒山荒坡地；坝区优质耕地则以永久性基本农田的形式给予特殊保护，改变以往土地利用总体规划编制中普遍存在的基本农田"划远不划近、划劣不划优"、而城镇建设和工业用地集中布局于坝区优质耕地上的现象，走新型城镇化建设的道路，简称"城镇上山和基本农田下山"。

二、研究意义

实施"城镇上山"战略，其基础和支撑是开展山区建设用地适宜性评价。因此，本书旨在切实针对国内外山区城镇建设用地适宜性评价理论方法和实践研究的薄弱性以及实施"城镇上山"战略、保护坝区优质耕地的重要性，按照云南省实施"城镇上山"战略的迫切需求，在深入探讨山区建设用地适宜性评价基本原理、系统分析山区建设用地适宜性影响因素、科学构建评价指标体系、合理制定山区建设用地适宜性评价系统与实用模型基础上，以典型县（州、市）为实例，进行山区建设用地适宜性评价的实证研究，并探索山区建设用地适宜性评价成果在实施城镇上山与基本农田下山战略、编制"城镇上山"型土地利用规划中的应用模式，为实施"城镇上山"战略、进行山地城镇用地规划和建设奠定基础和提供技术支撑。本书的研究成果不仅对丰富和发展土地适宜性评价理论与方法有着重要的科学意义，而且对云南省及类似山区实施"城镇上山"战略、制定"城镇上山"

型土地利用规划和城市规划具有重要现实意义和实际应用价值。

第二节　研究现状

一、国外研究简况

有关土地适宜性评价研究的历史较为悠久，但较为系统性的研究开始于 20 世纪 70 年代。1972 年，荷兰学者 Beek 和 Bennema 提出为农业土地利用规划服务的土地适宜性评价分类体系[11]。经过实践和经验总结，FAO 于 1976 年颁布《土地评价纲要》[12]，形成较为完整的土地适宜性评价理论体系，并被许多国家采用。2007 年，FAO 又修订出版《修订的土地评价纲要》[13]。随着 GIS 技术在土地适宜性评价研究中逐渐推广[14]，土地适宜性评价的应用领域也日益广泛，如在生态学中确定动植物物种栖息地的适宜性[15]、土地用于农业生产的适宜性[16]、景观评价与规划[17]、区域规划[18]等。

城市建设用地评价随着城市规划发展而逐步发展。1933 年的《雅典宪章》就已经涉及了建设用地选择的理论，认为在城市规划中，针对不同性质的用地需要考虑土地的不同适宜性，并提出城市分区功能。1969 年，美国 McHarg 教授出版的《自然界的设计》（*Design with Nature*）提出"土地利用生态适宜性理论及其规划实践"[19]对后来的城市规划和城市用地综合评价产生重要影响。20 世纪 70 年代以来，国际上各类土地适宜性评价的广泛开展，为城市建设用地适宜性评价提供了较为成熟的理论体系，使城市建设用地适宜性评价迅速展开，并在评价理论和技术方法上逐渐走向成熟。

二、国内研究简况

中国较大规模的土地适宜性评价研究主要源自 1979 年启动的《中国 1∶100 万土地资源图》编制项目，这是 FAO《土地评价纲要》在中国的实际应用。尽管该项目是为大农业服务，但它直接推动了中国土地适宜性评价研究的广泛开展，并逐渐扩展到建设用地适宜性评价领域。

从城镇建设用地来看，1983 年陈传康[20]就探讨城市建设用地综合分析和分等问题。随着城镇化速度不断加快，城市建设用地适宜性评价领域越来越受到相关专家学者重视，其成果产出也越来越多，如吴次芳等对城市土地资源分类评价及其与土地优化配置关系的探讨、陈桂华等对城市建设用地质量评价的研究以及许嘉巍等、刘贵利、于伯华、王全等、温华特、陈燕飞等、梁涛等、宗跃光等、钮心毅等、李鹏等、张雷等、孙华芬等、王海鹰等、麻永建等和张东明等对城市建设用地适宜性评价的研究等，这些研究推进了中国城镇用地适宜性评价理论与方法的发展，在城市规划用地选择中发挥了重要的基础性作用。

长期以来，国内外开展的城镇建设用地适宜性研究基本上集中于平原地区，而针对山地城镇建设用地适宜性评价的研究却很少。明庆忠[21]对山间盆地城市地貌适宜利用模式作过有益的探讨。随着部分研究者探讨山地城镇建设用地适宜性评价问题，如汤坚立开展的浙江省山地丘陵城镇土地适建性评价研究、邓华灿基于 RS 与 GIS 的低丘缓坡建设用地开发研究、南晓娜等[22]以陕西岚皋为例进行的山地城镇用地适宜性评价、于娟等[23]基于 GIS 的山地型城市用地适宜性评价等。但总体上对山地（山区）城镇建设用地适宜性评价的研究尚属薄弱，其理论、方法尤其是评价指标体系、评价标准、技术方法模式等关键问题仍需要深入、广泛的探讨和实证研究。

三、"城镇上山"战略对山区建设用地适宜性评价的科技需求

山地是具有一定海拔和坡度的特殊自然-人文综合体[24]。与平原相比，山地有一系列特殊的性状和特点[25]。最值得关注的特点是山地生态环境的脆弱性，并由此导致山地生态系统的不稳定性和生

物生产力提高的困难性，并决定山地生态系统反馈机制弱和破坏容易恢复难的特性，还造成山地灾害的易发性和山区经济的贫困化。正由于山区具有特殊的自然和社会属性，平原区城市建设用地已有的适宜性评价体系和方法不能完全适用于山地城镇建设的需要。

从土地利用与生态保护的角度看，实行城镇建设用地上山，首先要回答该上什么样的山地，而不该上什么样的山地。因此，实施"城镇上山"战略的基础和支撑是开展山区城镇建设用地适宜性评价。国内外相关学者已将城市建设用地适宜性评价视为城市规划和城市土地利用规划的一项重要基础性工作。20世纪70年代以来，国际上各类土地适宜性评价的广泛开展，为城镇建设用地适宜性评价提供了较为成熟的理论体系，使城镇建设用地适宜性评价迅速展开，研究成果不断涌现[26-32]，然而，对山地（或山区）城镇建设用地适宜性评价的研究尚属薄弱。

山区城镇建设用地适宜性评价理论方法和实践研究的薄弱性以及实施"城镇上山"战略、保护坝区优质耕地的重要性和紧迫性，迫切需要科技界深入开展山区城镇建设用地适宜性评价理论与方法的探索和典型实证的研究，为编制"城镇上山"土地利用规划和城镇建设规划提供技术支撑。

第三节　目标与主要内容

一、目标

本书针对国内外山区建设用地适宜性评价理论方法和实践研究的薄弱性以及实施"城镇上山"战略、保护坝区优质耕地的重要性，基于云南省实施"城镇上山"战略的迫切需求，在深入探讨山区建设用地适宜性评价基本原理、系统分析山区建设用地适宜性影响因素、科学构建评价指标体系、合理制定山区建设用地适宜性评价系统与实用模型的基础上，以典型县（州、市）为实例，运用遥感、GIS技术、实地调查、现代评价模型、常规评价方法技术及综合分析等多种技术集成，进行山区建设用地适宜性评价的实证研究，并探索山区建设用地适宜性评价成果在实施城镇上山与基本农田下山战略、编制"城镇上山"型土地利用总体规划中的应用模式，进而总结和提炼一套科学、实用、易推广的山区建设用地适宜性评价原理与方法体系，为实施"城镇上山"战略、进行山地城镇用地规划和建设奠定基础和提供技术支撑。

本书着重解决2个关键问题：①山区建设用地适宜性影响因素的确定和评价指标体系的构建；②山区建设用地适宜性评价系统与科学、可行的评价技术方法。

二、主要内容

1. 山区建设用地适宜性评价原理的探索

通过系统搜集、整理和分析国内外已有的土地适宜性评价、城镇土地适宜性评价和山地城镇领域的相关文献与典型区域研究成果资料，结合云南省"城镇上山"战略对山区建设用地适宜性评价的科技需求，深入探索山区建设用地适宜性评价的内涵、基础理论，分析山区城镇用地的基本特征和对建设用地适宜性评价的要求，阐明山区建设用地适宜性评价在实施"城镇上山"战略中的基础支撑作用。

2. 山区建设用地适宜性影响因素的系统分析与评价指标体系的构建

山区建设用地适宜性评价涉及自然、社会、经济、环境、工程技术等众多方面因素，是一个复杂的系统工程，需要在综合、系统地分析山区建设用地系统中各要素特点的基础上，科学地构建一个合理、可行、可操作的山区建设用地适宜性评价指标体系。本书直接影响到后续整个评价工作的客观性与可靠性。

3. 山区建设用地适宜性评价系统与模型的研究

主要包括：①制定山区建设用地适宜性评价系统，主要是适宜性等级体系，以及相应的评价指标分级体系。②评价指标权重研究。合理地分配权重是确定参评因子相对重要性程度并进行指标量化的关键，直接影响到评价的科学性。③山区建设用地适宜性评价模型。在全面评析已有评价模型基础上，探索和提炼出适合山区城镇建设适宜性评价的科学模型及可行的适宜度定量测算方法。

4. 典型县（州、市）山区建设用地适宜性评价实证研究

在云南省内选取典型县（州、市），运用实地调查、遥感、GIS、数学模型等多种技术综合集成，在确定出典型县（州、市）主要城镇周边（坝区周边）缓坡山地建设适宜性评价的区域范围和评价单元基础上，依据典型县（州、市）评价区域特点，综合考虑土地利用现状、建设性质，按照上述评价原理与方法，分析、评定每一评价单元的建设适宜性及其适宜等级，编制典型县（州、市）主要城镇周边（坝区周边）缓坡山地建设适宜性评价图，得出评价区域的建设用地适宜性评价成果。

5. 山区建设用地适宜性评价成果在云南"城镇上山"型土地利用规划编制中的应用模式探讨

以选定的典型县（州、市）山区为实例，按照云南省"城镇上山"战略的要求，探讨典型县（州、市）山区建设用地适宜性评价成果在"城镇上山"型土地利用规划编制中的具体应用模式，为实施"城镇上山"战略、进行山地城镇用地规划和建设奠定基础和提供技术支撑。

第四节　方法和路线

本书以"山区建设用地适宜性评价原理的探索→山区建设用地适宜性影响因素的系统分析与评价指标体系的构建→山区建设用地适宜性评价系统与模型的研究→典型县（州、市）山区建设用地适宜性评价实证研究→山区建设用地适宜性评价成果在云南'城镇上山'型土地利用规划编制中的应用模式探讨"为主线，运用实地调查、遥感、GIS 技术、现代评价模型、常规评价方法技术及综合分析相结合等多种技术方法综合集成，基于云南"城镇上山"战略，以典型县（州、市）为实例，应用第二次土地调查成果等相关调查与规划成果，在确定出典型县（州、市）主要城镇周边（坝区周边）缓坡山地建设适宜性评价的区域范围和评价单元基础上，依据典型县（州、市）评价区域特点，综合考虑土地利用现状、建设性质，合理地选取评价因子，建立起合适的评价指标体系，构建一套适合山区建设适宜性评价的模型和方法；采用定性与定量相结合的科学方法，分析、评定每一评价单元的建设适宜性及其适宜等级，编制典型县（州、市）主要城镇周边（坝区周边）缓坡山地建设适宜性评价图，得出评价区域的建设用地适宜性评价成果，进而探讨评价成果在"城镇上山"型土地利用规划中的应用模式。在实证基础上，通过科学的总结和提炼，探索一套科学、实用、易推广的山区建设用地适宜性评价原理与方法体系（图 1-1）。

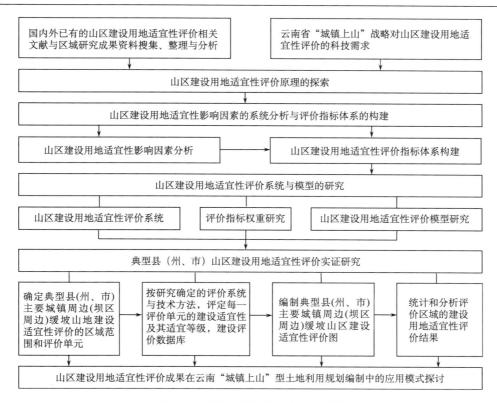

图 1-1 研究的总体技术路线示意图

参 考 文 献

[1]傅伯杰. 土地评价的理论与实践. 北京: 中国科学技术出版社，1991.

[2]谢应齐，杨子生. 土地资源学. 昆明: 云南大学出版社，1994.

[3]陈百明. 土地资源学概论. 北京: 中国环境科学出版社，1996.

[4]刘黎明. 土地资源学. 3-5 版. 北京: 中国农业大学出版社，2002-2010.

[5]Zheng Y, Hu Y C, Liu Y S, et al. Spatial analysis and optimal allocation of land resources based on land suitability evaluation in Shandong Province. Transactions of the Chinese Society of Agricultural Engineering, 2005, 21 (2): 60-65.

[6]FAO. Guidelines for Land-use Planning. Rome: Food and Agriculture Organization of the United Nations, 1993.

[7]Collins M G, Steiner F R, Rushman M J. Land-use suitability analysis in the United States: historical development and promising technological achievements. Environmental Management, 2001, 28(5): 611-621.

[8]史同广，郑国强，王智勇，等. 中国土地适宜性评价研究进展. 地理科学进展，2007，26(2): 106-115.

[9]陈文雅，邬琼. 供地指标告急 国土部"上山"开路. 经济观察报，2011-10-17(39).

[10]《云南农业地理》编写组. 云南农业地理. 昆明: 云南人民出版社，1981.

[11]Beek K J, Bennema J. Land evaluation for agricultural land-use planning: an ecological methodology. Wageningen, the Netherlands: Department of Soil Science and Geology. Agricultural University. 1961.

[12]FAO. A framework for land evaluation. Rome: Food and Agriculture Organization of the United Nations, 1976.

[13]FAO. Land evaluation: Towards a revised framework. Rome: Food and Agriculture Organization of the United Nations, 2007.

[14]何英彬，陈佑启，杨鹏，等. 国外基于 GIS 土地适宜性评价研究进展及展望. 地理科学进展，2009，28(6): 898-904.

[15]Store R, Kangas J. Integrating spatial multi-criteria evaluation and expert knowledge for GIS-based habitat suitability modeling. Landscape and Urban Planning, 2001, 55(2): 79-93.

[16]Kalogirou S. Expert systems and GIS: An application of land suitability evaluation Computers, Environment and Urban

Systems, 2002, 26(2-3): 89-112.

[17]Miller W, Collins M G, Steiner F R, et al. An approach for greenway suitability analysis. Landscape and Urban Planning, 1998, 42 (2): 2-4, 91-105.

[18]Janssen R, Rietveld P. Multi-criteria analysis and geographical information systems: An application to agricultural land use in the Netherlands//Scholten H J, Stillwell J C H. Geographical Information Systems for Urban and Regional Planning. Dordrecht: Kluwer Academic Publishers, 1990: 129-139.

[19]McHarg I L. Design with nature. Garden City, New York: Natural History Press, 1969.

[20]陈传康. 城市建设用地综合分析和分等问题. 自然资源, 1983, 5(2): 18-25.

[21]明庆忠. 论山间盆地城市地貌适宜利用模式. 地理学与国土研究, 1995, 11(2): 52-56.

[22]南晓娜, 彭天祥, 刘科伟. GIS 支持下的山地城镇用地适宜性评价——以陕南岚皋为例. 国土资源科技管理, 2009, 26(3): 101-105.

[23]于娟, 张丽萍. 基于 GIS 的山地型城市用地适宜性评价. 城市勘测, 2009, (2): 59-61.

[24]余大富. 山地学的研究对象和内容浅议——续《发展山地学之我见》. 山地研究, 1998, 16(1): 69-72.

[25]钟祥浩, 余大富, 郑霖, 等. 山地学概论与中国山地研究. 成都: 四川科学技术出版社, 2000.

[26]Fan C J, Shen S J, Wang S H, et al. Research on urban land ecological suitability evaluation based on gravity-resistance model: A case of Deyang city in China. Procedia Engineering, 2011, 21(1): 676-685.

[27]Xu K, Kong C F, Li J F, et al. Suitability evaluation of urban construction land based on geo-environmental factors of Hangzhou, China. Computers and Geosciences, 2011, 37(8): 992-1002.

[28]尹海伟, 孔繁花, 罗震东, 等. 基于潜力-约束模型的冀中南区域建设用地适宜性评价. 应用生态学报, 2013, 24(8): 2274-2280.

[29]杨子生, 王辉, 张博胜. 中国西南山区建设用地适宜性评价研究——以云南芒市为例//杨子生. 中国土地开发整治与建设用地上山研究. 北京: 社会科学文献出版社, 2013: 112-120.

[30]周豹, 赵俊三, 袁磊, 等. 低丘缓坡建设用地适宜性评价体系研究——以云南省宾川县为例. 安徽农业科学, 2013, 41(28): 11 528-11 531.

[31]党丽娟, 徐勇, 汤青, 等. 广西西江沿岸后备适宜建设用地潜力及空间分布. 自然资源学报, 2014, 29(3): 387-397.

[32]He Y M, Yang Z S, Zhang B S, et al. Study on urban construction land suitability evaluation in southwestern mountainous areas of Yunnan Province based on the strategy of "protecting farmland in flatland areas and constructing mountainous cities": a case in Lianghe County. Agricultural Science and Technology, 2014, 15(10): 1774-1777, 1780.

第二章　山区建设用地适宜性评价原理

第一节　山区建设用地适宜性评价的概念与内涵

土地适宜性是土地系统的基本功能之一。自 1976 年联合国粮农组织出版《土地评价纲要》[1]，"土地适宜性"（land suitability）和"土地适宜性评价"（land suitability evaluation）等基本概念在世界各国得到广泛传播，成为土地资源科技界的热门术语。尽管科技界讨论和研究的主要是农业土地适宜性评价领域，但也为本书讨论的山区建设用地适宜性评价概念奠定了很好的基础。

一、山区建设用地适宜性评价的概念

通常所说的土地适宜性，是指在一定条件下土地对某种用途（如发展耕作业、林业、牧业、渔业等产业或者城镇建设、工业项目建设、交通建设等）的适宜与否及其适宜程度。可见，"适宜性"的概念乃就土地适于利用的性质而言[2]，即适合做什么用，或者能够用于什么；适宜性的高低只是一个相对等级的概念。按照土地对某一用途的适宜与否，可以分为两种情况：①适宜（suitable），指土地适合于该用途；②不适宜（not suitable），指土地不适合于该用途。

至于土地适宜于某种用途的程度，即适宜程度（suitability degree），是表示土地适宜性高低相对等级的概念，大致可分出 3 个等级：①高度适宜（highly suitable）；②中等适宜或中度适宜（moderately suitable）；③低度适宜或临界适宜（marginally suitable）。所谓"高度适宜"，指土地对某一利用方式无限制或少限制，因而适宜性程度很高；"中等适宜"或"中度适宜"，指土地对某一利用方式有一定程度的限制，因而适宜性程度只能属于"中等"；"低度适宜"或"临界适宜"则指土地对某种利用方式有较大限制，因而适宜性程度较低，只能临界或勉强适宜于该种利用方式。

可见，"适宜性"是广义的，即它还包括其反面——"土地限制性"（land limitation）。所谓限制性，是指土地存在的某种不利因素（称为限制因素）限制或影响土地的某种适宜利用类型及其适宜程度。限制性分析应包括两个方面：①限制因素类型，②限制强度。前者表明土地利用上需要采取的改造措施，后者则反映改造的难易程度。从根本上讲，土地的适宜类型及其适宜程度是由制约土地生产潜力发挥的限制性因素及其强度决定的，适宜性与限制性是同一事物的两个侧面，两者的关系是：适宜性越大，则限制性越小；反之，适宜性越小，则限制性越大。正因为如此，不少土地资源评价的文献中为避免重复，往往只提及"适宜性"而省略"限制性"。

就本书开展的"山区建设用地适宜性评价"而言，评价的区域范围限定于"山区"这一特殊区域范畴。而且，所针对土地用途是"建设用地"，着重指"城镇建设"（其中包含工业开发建设），至于交通、水利设施等其他建设用地通常作为基础设施用地，伴随着城镇和工业开发建设的开展而进行相应的规划与建设。因此，参照上述土地适宜性的一般概念，可以将"山区建设用地适宜性"概念表述为：山区土地对城镇建设（含工业开发建设）等建设用途的适宜与否及其适宜程度。相应将"山区建设用地适宜性评价"概念表述为：在调查分析所研究的山区各类自然、经济等因素基础上，根据山区生态保护和城镇等建设要求对土地进行综合评价，确定该山区土地用于城镇等建设的适宜与否及其适宜性程度[3]。

二、山区建设用地适宜性评价的基本内涵

根据上述土地适宜性、山区建设用地适宜性评价的概念，经总结和提炼，本书将山区建设用地适宜性评价的基本内涵归纳为以下 4 个方面。

1. 评价乃针对特定的用途——"城镇等建设"而言，在性质上属于专项评价或特定目的土地评价

根据上述"土地适宜性"概念，它针对土地适于利用的性质而言的。由于不同的土地用途（如农林牧渔等大农业开发、城镇等建设开发）有着不同具体条件要求，也就是说每种土地用途均有其自身所需要的条件，如地形坡度、土壤养分、土层厚度、水分、温度等，因此，土地适宜性评价只有特定土地用途才有意义[1]。在土地适宜性评价中，土地用途和利用方式是主要研究对象，主要服务于土地利用规划和土地改良等目的。按照评价工作所针对的土地用途和利用方式，通常可以把土地适宜性评价分为综合评价和单项评价两种。综合评价又称为一般目的的土地评价，即将全部土地按照若干笼统的用途（如农林牧渔等土地利用大类）的质量要求，评定其适宜性及适宜程度，如中国 20 世纪 80 年代开展《中国 1∶100 万土地资源图》中土地资源评价等。单项评价又称为特定目的的土地评价，系按某种具体用途（如单个作物、特定农作制度、城镇建设等土地利用方式）要求来评定各个土地单元对它的适宜性，如中国 20 世纪 50 年代的华南热带地区橡胶宜林地评价等。当然，综合评价与单项评价是相对而言的，两者之间无绝对界限。在土地评价中，往往既存在单项评价亦存在综合评价，有时甚至二者共存于同一评价工作之中。

山区建设用地适宜性评价所针对的土地用途是具体的，即"建设用地"，尤其是指城镇建设等开发建设。因此，本评价在性质上乃属于"单项评价"或"特定目的土地评价"。

2. 必须根据山区生态保护要求进行适宜性评价，确保山区建设用地的可持续性

山区建设用地适宜性评价不仅针对特定土地用途，而且具有特定区域范畴，即"山区"。在地理学上，山区是一个特殊的地域范畴，其"先天"的生态环境具有脆弱性，影响和制约着山地资源开发利用和山区经济社会发展大计。山地资源的不合理开发利用，极易导致山地人地关系不协调，造成水土流失和生态退化，甚至酿成严重灾害[4]。因此，山地（或坡地）的利用上需要实施生态友好型可持续利用方式[5, 6]，重视土地保护[7]。在开展山区建设用地适宜性评价时，必须要深入考虑生态环境退化问题，切实根据山区生态保护要求进行适宜性评价，充分确保山区建设用地的可持续性，为山区可持续发展战略提供科学基础和支撑。

联合国粮农组织 1976 年在《土地评价纲要》[1]中已明确提出："适宜性指的是确立在长期持续基础上的用途（suitability refers to use on a sustained basis）"。有些土地用途或利用方式在短期内可能获利较大，但有可能会导致山地灾害、水土流失、草场退化或河流下游发生不利变化等，其恶果超过短期的获利能力。因此，对这类土地应列为"不适宜"类。当然也应当指出，这并非意味着保护生态环境就不能改变目前的状况，而是要求评价时必须尽可能准确地估计每一种土地利用方式对生态环境将产生的可能后果。这些可能生态环境后果的估计在适宜性评价时必须要充分考虑到，以便更好地采取有效举措整治和保护生态环境。尤其城镇、工业等开发建设属于高强度土地利用方式，往往对地表生态环境产生重大影响甚至破坏，需要建立相应生态环境保护体系。

3. 要根据城镇等建设开发要求对山区土地进行科学评价

在诸多土地利用方式中，与以往常规农业开发利用不同，城镇开发建设作为高强度土地利用方

式，对土地系统诸多性状要求较高，地形坡度、岩性、地质灾害、地震断裂带分布、地面工程量、矿产压覆状况、给排水条件、交通条件、生态环境安全状况、自然与文化遗产保护等诸多因素直接影响和制约着城镇等开发建设的可行性，建设成本和开发风险大小。因此，哪些土地属于"宜建"，哪些土地属于"不宜建"（或"禁建"），以及"宜建"程度的高低，需要切实按照城镇等开发建设对土地系统各种性状要求，客观、科学地制定参评指标体系和评价标准。

4. 山区建设用地适宜性评价需要科学评定山区土地对"建设用地"（主要是城镇等建设）的适宜与否及其适宜的程度，为山地城镇发展与用地布局提供基础依据

由"土地适宜性"的基本概念可以看出，"适宜性"包括了两个基本方面：一是适宜与否，即"适宜"与"不适宜"；二是适宜的程度高低。因此，山区建设用地适宜性评价的基本任务就是科学、合理地分析和评定山区土地对"建设用地"（主要是城镇建设）这一用途的适宜与否（"宜建"和"不宜建"）以及"宜建"程度的高低（可分为"高度宜建"、"中度宜建"和"低度宜建"），从而为区域山地城镇发展与用地布局提供基础依据和决策支撑。

当然，除了"适宜性"分析之外，还需要分析"适宜性"的反面——"限制性"，包括主要限制因素及其限制强度，这主要是为制定土地改造与整治措施服务的，这也是山区土地利用规划工作的内容之一。

第二节　山区建设用地适宜性评价的基础理论

山区建设用地适宜性评价是一项复杂的基础研究，需要以科学的理论作为基础和支撑，涉及生态学、地理学、农学、经济学、社会学和伦理学等诸多学科相关理论。这些基础理论要紧紧围绕土地可持续利用理念来展开。这里主要论及土地生态学理论、可持续发展与可持续利用理论、土地利用系统理论、统筹人与自然和谐发展理论、生态伦理理论等，这些理论是构建山区建设用地适宜性评价体系的主要理论支撑。

一、土地生态学理论

土地生态学是土地科学与生态学的结合和交叉学科，引起科技界高度重视和关注。它是一门研究土地生态系统特性、结构、功能和优化利用的学科。其研究内容包括土地生态类型、土地生态评价、土地生态规划设计、土地生态整治和土地生态管理 5 个相互紧密联系、互为一体的方面[8]。这一学科的基本任务有两项：①应用生态学原理指导土地开发、利用、整治、保护和管理；②揭示土地开发利用与保护管理过程中的生态规律。可见，土地生态学理论无疑是我们构建山区生态友好型土地资源开发利用体系的最主要理论支撑。长期惨痛教训表明，一切土地开发利用活动必须要有生态学理论作指导，做到人类社会经济发展与自然生态规律协调一致，实现"人与自然共生"，否则必将遭受大自然的报复，给人类带来巨大灾难，危及人类社会的长远发展大计。土地适宜性评价通常系选取地形坡度、水热条件、土层厚度等相对稳定的自然生态指标来综合评定土地对某种用途的适宜与否及其适宜程度，因而在很大程度上属于生态适宜性评价（尽管评价过程中也考虑生产力、建设成本等经济因素），它直接为土地利用规划和土地整治服务。因此，为了山区土地资源的可持续开发利用和人类社会经济的可持续发展，必须深入加强土地生态学的理论研究和实践，为科学地进行山区建设用地适宜性评价，进而统筹安排山地城镇与建设用地布局、推进"城镇上山"战略和山区土地可利用战略提供有力的理论支撑和技术指导。

二、可持续发展与土地可持续利用理论

现代可持续发展的思想和理念的提出源于人们对生态环境问题的逐步认识和热切关注。其产生的背景是 20 世纪 60～70 年代以来,人类赖以生存和发展的环境和资源遭到越来越严重的破坏,人类已不同程度地尝到了资源环境破坏的苦果,于是人们开始探索和寻求一种能够建立在环境和资源可承受基础上的长期发展模式,先后提出"有机增长"、"全面发展"、"同步发展"和"协调发展"等构想。1981 年美国世界观察研究所所长布朗出版了《建设一个可持续发展的社会》[9],1987 年世界环境与发展委员会(WECD)发表了著名报告《我们共同的未来》[10],促进世界各国对可持续理论研究的不断深入。1992 年联合国环境与发展大会(UNCED)通过《21 世纪议程》[11],高度凝聚当代人对可持续发展理论认识深化的结晶。此后,可持续发展理论风靡全球,成为世界各国制定国策的指导思想。可持续发展是对传统发展方式的反思和否定,也反映人类对今后选择的发展道路和发展目标的憧憬和向往。可持续发展遵循 3 个基本原则[12]:公平性、持续性和共同性。公平性原则主要体现在 2 个方面:①当代人的公平(即代内公平),它要求满足当代全体人民的基本需求,并给予全体人民机会满足其要求较好生活的愿望;②代际间的公平,它要求每一代人都不应该为当代人的发展与需求而损害后代满足其需求的自然资源与环境条件,要给予后代利用自然资源的权利。持续性原则的核心是人类经济建设和社会发展不能超越资源和环境承载能力。共同性原则强调可持续发展一旦作为全球发展总目标而确定下来,对于世界各国来说,其所表现的公平性和持续性原则都是共同的,实现这一总目标必须采取全球共同的联合行动。可持续发展理论认为,人类任何时候都不能以牺牲生态环境为代价去换取经济的一时发展,亦不能为了今天的发展而损害明天的发展。可持续发展的关键在于正确处理好人口、资源、环境和发展的关系,建立良性、协调发展的"人口-资源-环境-经济发展"系统。

可持续发展思想和理念应用于土地资源与利用学科领域后,土地可持续利用的概念和理念应运而生,并成为指导土地适宜性评价和土地利用规划的重要基础理论。当然,"适宜性"概念本身就包含了"可持续"的思想。正如联合国粮农组织对土地适宜性所做的规定,"适宜性指的是确立在长期持续基础上的用途"[1],并将此作为土地适宜性评价的基本原则之一。可见,以往的土地适宜性评价在很大程度上已考虑了土地可持续利用问题,与当今世界各国对可持续发展问题的日益重视而兴起的土地可持续利用研究具有很大一致性或相应性。联合国粮农组织 1993 年在《持续土地管理评价大纲》中提出,持续土地利用管理的评价标准是:①保持和提高土地的生产力;②降低生产风险(主要是减少水土流失等自然灾害);③保护资源,避免资源质量退化;④经济上可行;⑤为社会所接受[13]。这 5 条标准虽与以往的土地适宜性评价指标不完全相同,但两者内涵相近,目标亦相似,都是为确保合理、可持续地利用土地。为与当今受广泛关注的可持续发展理念和土地可持续利用战略相对应,本书特别强调山区建设用地适宜性评价乃基于其可持续利用(sustainable use)。在山区建设用地适宜性评价的整个过程中,必须要始终贯彻"可持续利用"这一核心理念和基本思想,以此作为评价工作的基本指针,推进评价工作切实地为山地城镇建设和山区城镇用地布局提供科学的基础支撑的目的得以实现,为山区经济社会的可持续发展和人与自然和谐发展战略保驾护航。

三、土地利用系统理论

系统(system)通常被定义为由若干要素以一定结构形式联结而构成的、具有某种功能的有机整体。该定义包括了系统、要素、结构和功能 4 个概念,表明了要素与要素、要素与系统、系统与环境 3 方面的关系。系统理论学是研究系统的一般模式、结构和规律的一门新兴科学。现代系统理

论学以一般系统论、控制论、信息论和系统工程的诞生为标志，并随着耗散结构理论、协同学、超循环理论、突变论、混沌学、分形学等学科发展而发展，进入一个新阶段，形成了系统科学体系。

系统理论和系统论的方法是认识土地资源、开展山区建设用地适宜性评价的重要理论支持。土地资源是一个开放的耗散巨系统，其结构、组成、演化及特征等均要应用系统理论和系统的观点去认识和研究。

土地是由地貌、岩石、气候、水文、土壤、植被等全部自然地理要素相互作用而形成的一个自然综合体，同时，土地由于受到过去和现在人类活动所施加的各种作用（包括正反馈和负反馈），又具有社会经济属性，因而是一个自然-经济综合体[2]。从系统论观点来看，土地利用就是土地的自然要素系统与土地利用类型及土地利用方式的社会经济系统两者之间在一块土地上的物质交流、循环和生产经营集合，即土地利用系统（landuse system）。这表明从根本上讲，土地利用系统是土地自然生态系统与土地经济系统耦合而成的土地生态经济复合系统具有层次性、开放性、整体性和动态性等特点。土地利用系统内各要素之间以及与环境之间的物质循环和能量流动是土地利用系统研究的重要内容。

土地利用系统具有多种功能。为平衡可持续发展的经济、社会和环境三大方面，大多数国外研究将土地功能确定为三大方面、九大土地功能[14, 15]，即社会功能方面的就业支撑功能、人类健康和娱乐功能和文化功能，经济功能方面的居住和土地的独立生产功能、土地为基础的生产功能、交通功能，环境功能方面的提供非生物资源的功能、支持和供给生物资源的功能、维持生态系统过程的功能。而中国多数土地科学领域的教材把土地功能概括为养育功能（又叫生产功能）、承载功能、仓储功能（亦称非生物的资源功能）、景观功能（或称生态景观功能）等类型[16]。

系统理论和系统论方法对于开展山区建设用地适宜性评价具有重要指导作用。山区建设用地适宜性评价不仅需要深入、系统地考虑影响和制约山区城镇开发建设的各种土地性状以及各种因素之间的作用，还需要综合、辩证地分析城镇开发建设对山区土地资源及山区生态环境安全的影响和可能后果。这需要用系统论的观点和方法看待土地适宜性和土地利用，可以对土地质量属性与土地利用要求的"匹配"过程进行抽象和概括，并以定量和数学模型表达出来。系统科学方法的应用使土地评价者认识土地质量属性与土地利用要求方面有了质的飞跃，提高土地评价者科学评定土地适宜性的能力。

四、统筹人与自然和谐发展理论

统筹人与自然和谐发展理论，是指在经济社会发展中注意处理好经济建设、人口增长与资源利用和生态环境保护的关系，通过建设资源节约型和生态保护型社会，在确保生态平衡和环境良好基础上，实现经济持续稳定增长和人民生活富裕安康。这是一个体现经济社会可持续发展方式内在要求的发展理论，是新时期中国在借鉴、继承和发展西方社会和马克思主义人与自然和谐发展理论基础上所形成的重大理论，是中国在新时期对人与自然和谐关系的理论创新[17,18]。这对指导中国山区建设用地适宜性评价、推进山区土地资源合理开发利用、建立山区生态友好型土地资源开发利用体系、促进城镇上山战略的实现具有特别重大的意义。这要求在山区建设用地适宜性评价以及山区土地资源开发利用与山地城镇建设中，需要坚持以人与自然和谐相处为核心，正确处理好 4 个环节——正确认识自然、合理改造自然、充分利用自然和有效保护自然之间的关系。只有正确认识自然，发现和掌握山区自然生态规律，并用于指导山区建设用地适宜性评价实践，才能合理改造山区自然环境和充分利用山区土地资源；在对山区自然环境的改造和土地资源开发利用中难免会造成一些生态破坏，因而还需要进行有效保护，使生态破坏度不超过自然界可以承受和恢复程度。正确认识山区自然生态环境是前提，合理改造山区自然环境是手段，充分利用山区土地资源是目的，有效保护山区自然生态环境则是条件。这 4 个环节有机配合和高度统一是实现山区人与自然和谐相处、实现"城镇上山"与生态环境保护"双赢"的基本保障。

五、生态伦理理论

伦理学原本是一门研究人与人之间道德关系的学科，但随着人与自然关系的恶化以及相应生态环境问题日益突出，人们不得不重新认识人与自然的关系，于是，生态伦理学应运而生。生态伦理学（环境伦理学、生态哲学）是一门研究人与自然（生态环境）道德关系的科学，其研究对象包括人与自然的道德关系及受人与自然关系影响的人与人的道德关系两个方面。通常，生态伦理是指人类在进行与自然生态有关的活动中所形成的伦理关系及其调节原则。生态伦理学要求人类在思想与行动上表现出对人与自然共同利益的关心。人类自然生态活动中一切涉及伦理的方面构成了生态伦理的现实内容，包括合理指导自然生态活动、保护生态平衡与生物多样性、保护与合理利用自然资源、对影响自然生态与生态平衡的重大活动进行科学决策及人们保护自然生态与物种多样性的道德品质与道德责任等[19]。生态伦理的核心是为人类持续发展与进步而保护资源与环境，实现生态系统良性循环，维护和促进生态系统完整性和稳定性。因此，人类应当摆正自己在大自然中的道德地位，只有当人类能够自觉控制自己的生态道德行为，并理智而友善地对待自然界时，人类与自然的关系才会走向和谐，从而实现生态伦理的真正价值。重视和强调生态伦理学理论，不仅有利于人类正确认识人与自然（生态环境）的关系，更为重要的是通过加强伦理道德教育，唤起人们对自然的"道德良知"和"生态良知"。因此，生态伦理的理论对于科学开展山区建设用地适宜性评价、构建我国山区生态友好型土地资源开发利用体系、推进"城镇上山"战略既有理论指导意义，也有重要的促进作用。一方面将生态伦理理论应用于山区建设用地适宜性评价与土地利用规划中，可以引导人们从生态伦理的角度，重新审视和正确处理人地关系，并为人地系统健康协同发展和土地可持续利用提供理论支持[20]；另一方面，将生态伦理理论的观点应用到山区建设用地适宜性评价与土地利用规划中，来处理人类生存空间扩展与山区土地生态环境的关系，从而形成新型山区土地生态伦理观，这对转变人们伦理道德观念、保持山区土地生态系统健康发展和实施山区土地可持续利用战略具有重要意义[21]。

第三节　山区建设用地适宜性评价的主要原则

原则（principle），是观察问题、分析问题和处理问题所依据的准则。进行土地适宜性评价，首先必须确定评价原则，这是评价基础。参考和借鉴联合国粮农组织《土地评价纲要》[1]、《中国 1 ：100 万土地资源图》[22]以及实施"城镇上山"战略的实际需要，开展山区建设用地适宜性评价遵循以下 4 条原则。

一、土地对城镇等建设的适宜性及其适宜程度

山区建设用地适宜性评价系针对"城镇等建设"这一用途来进行，因此，所选取的评价指标体系主要反映城镇等建设对土地的要求。另外，按照土地适宜性的概念，在评价中，首先要根据土地质量（土地性状）评定出"适宜"与"不适宜"两类；在"适宜"类之内，再按照土地质量（土地性状）优劣程度进一步评定"适宜程度"，参照 FAO《土地评价纲要》[1]，一般可分为高度适宜、中等适宜和低度适宜 3 个等级。

二、因地制宜并充分考虑山区的特点

因地制宜是土地利用、各业生产布局乃至经济建设中常常强调的原则之一。其意是指根据各地的具体情况、实际条件来制定适宜（或妥善）的办法或举措。本书论及的山区建设用地适宜性评价，同样需要强调这一原则。

山地城镇建设与平原区建设要求显著不同，山区建设用地适宜性评价指标体系要体现山区城镇自身的特点，需要从山区实际出发，在系统分析山区城镇建设用地系统中各要素特点和相互关系基础上，科学地构建一个合理、可行、可操作的山区建设用地适宜性评价指标体系和技术方法，才能得到符合山区实际评价结果，也才能真正起到山区建设用地适宜性评价为"城镇上山"战略尤其是山地城镇用地布局服务目的。

三、综合分析和主导因素相结合

山区城镇建设用地适宜性的确定，需要综合分析山区土地自身的各种自然条件和社会经济条件。在传统建设用地适宜性评价中，常常通过选取地质、地貌、土壤、气候、植被、土地利用现状、生态环境等方面指标，采用综合分析并测算综合分值的方法来评定适宜性等级。这种方法的评价结果相对较为客观，避免"以偏概全"。然而，在"山区"这一特殊区域，这种方法也很容易出现评价单元上某一指标表明该单元用地不适宜作为建设用地、而该地块最终综合适宜性分值又位于适宜建设用地范围内情况[23]，甚至出现地质灾害高易发区、坡度超过 25°区域成为一等宜建地的悖论[24]。因此，本书将从根本上影响和决定山区建设用地适宜性（适宜或不适宜）的主导因子（或称为刚性因子、特殊因子），如陡坡、重要矿产压覆、地质灾害等，运用"极限条件法"（"一票否决法"）进行重点分析，以确保评价结果的准确性。

四、土地利用的可持续性

土地适宜性评价的理论基础是生态经济学原理，适宜性必须建立在保证土地的可持续利用基础之上[25]，不致引起环境退化。开展山区城镇建设用地适宜性评价的目的在于分析和确定哪些山区土地适宜于城镇等建设，哪些"不适宜"，为合理地推进"城镇上山"战略和土地可持续利用战略提供基础支撑。适宜性指建立在长期持续基础上的用途（suitability refers to use on a sustained basis）[1]。

山区是"先天"的生态脆弱区域，如果"后天"土地利用方式不能适应固有的生态环境，或者不能较好地保护"先天"生态环境，将有可能导致水土流失、植被退化或山地灾害频发，其恶果会超过短期的获利能力。因此，维护土地利用的可持续性应当贯穿于山区建设用地适宜性评价全过程。当然，这一原则并非意味着要保护生态环境就不能改变目前状况，而是要求评价时必须尽可能准确地估计城镇建设对生态环境（乃至人类社会）产生的可能后果，多方面考虑山区生态环境退化和山地灾害问题。

以上 4 条原则是进行山区建设用地适宜性评价的指南和遵循准则。

第四节　山区建设用地适宜性评价的基本内容

基于上述评价原则，参考联合国粮农组织《土地评价纲要》[1]、《中国 1：100 万土地资源图》[22]，按照保护坝区（或平原区）优质耕地和建设山地城镇战略的要求，山区建设用地适宜性评价的基本内容确定为以下 3 方面。

一、山区建设用地适宜性评定

根据山区土地自身的条件（尤其是地质、地貌、土壤等自然条件），将山区建设用地适宜性分为适宜（宜建地）和不适宜（不宜建地）两类。在评价区域范围内，通过选取一定的评价指标体系，按照一定的评价方法，系统地分析山区土地质量（土地性状）与规定土地用途（即城镇等建设开发）的要求，将每一地块均评定为适宜（宜建地）或不适宜（不宜建地）。

二、山区建设用地适宜程度分级（分等）

其基本任务是在"适宜（宜建地）"之内，根据山区建设用地适宜程度的高低，将"适宜（宜建地）"分为 3 个等级，即高度适宜、中等适宜和低度适宜，分别对应着一等宜建地、二等宜建地和三等宜建地。

三、山区建设用地限制性分析

着重分析和确定出不宜建土地的限制性因子类型。按照实际，本书中不宜建土地的限制性因子（即评价的特殊因子）主要考虑 7 个：坡度（陡坡）、地质灾害、地震断裂带、重要矿产压覆、基本农田保护、生态环境安全和自然与文化遗产保护。此外，宜建地的主要限制性（包括限制因素和限制强度）也需要分析，以便为城镇上山进程中合理地开展山区土地资源整治和生态环境保护提供基础依据。

第五节　山区建设用地适宜性评价在实施"城镇上山"
战略中的基础支撑作用

一、云南省"城镇上山"战略的确立与重要意义

中国是一个多山国，山地（包括丘陵、高原）面积占国土总面积69%[26]。云南作为我国西部最为典型的山区省份，山地（包括高原）占全省土地总面积94%，平地（云南俗称坝区）仅占6%。因此，云南可利用的平地（坝区）资源数量非常有限，其既是云南优质耕地集中分布区，也是传统经济发展思路下的重点建设区。

根据云南土地资源详查（简称"一调"），1996 年全省共有 1 586 401.82hm² 水田[30]，而 2009 年的"二调"显示全省水田面积仅为 1 448 148.90hm²，从 1996 年"一调"到 2009 年"二调"的 13 年里，水田面积减少了 138 252.92hm²，净减少 8.71%。坝区优质耕地，尤其是水田急剧减少给云南粮食安全带来了巨大隐患。据统计，2000～2010 年全省各类建设占用耕地达 18 万 hm²，其中占用坝区良田好地的比例达 78%[31]。虽然所占耕地实现了占补平衡，但占优补劣、占坝补山的现象较为突出，耕地数量可以保证，但是质量却难以保障[32,33]。此外，云南坡度 8°～25° 的缓坡土地约 1800 万 hm²，约占国土面积 47%，其中适宜开发成建设用地的约 116 万 hm²[34]，开发潜力相当巨大。

山地多平坝少的地理特征，决定了云南保护耕地与满足建设用地需求的矛盾将长期存在，并将随着云南经济建设脚步加快而进一步加剧。未来 10～20 年，将是云南城镇化、工业化发展更加快速的时期，城乡建设用地需求不断增加，坝区耕地被占用量必将逐年增加，经济发展与坝区耕地资源保护矛盾越来越突出。据统计，目前云南坝区优质耕地已被建设占用30%左右，且呈加速发展趋势，已危及到云南长远发展特别是粮食安全。如再不转变这种建设用地扩张模式，那么不远的将来，坝区优质耕地将被消耗殆尽。

面对这一严峻态势，云南省人民政府在 2011 年 1 月 30 日召开常务会议提出，要调整和完善城镇化发展的指导思想，走出一条具有云南特色的城镇化发展道路。会议指出，云南山区多、坝区少，又处于城镇化和工业化加速发展阶段，必须以对历史高度负责的态度，切实抓好基本农田保护工作；要进一步调整城市规划指导思想，多用坡地、荒地搞建设，用"山水田园一幅画，城镇村落一体化"思想来规划布局城镇建设，创造山水城市、田园城市、山地城市等城镇建设新模式[35]。

为落实省政府常务会议精神，2011 年 3～4 月，云南政府组成 8 个专题调研组，分赴近 40 个典型县（市、区）调研，充分证实保护坝区耕地、建设用地上山的条件已经非常成熟，各级干部及群众对保护坝区耕地的愿望都非常强烈[36]。省政府紧接着于 2011 年 5 月 11 日召开转变城乡建设用地方式座谈会，要求云南城镇建设尽量"上山上坡"，在城乡建设过程中，凡是可以上山的项目尽量上山，多用山坡地、荒山荒坡地，保护坝子，走新型城镇化建设道路。"城镇朝着山坡走，田地留给子孙耕"，将作为今后转变城镇建设用地方式、加强耕地保护、促进城镇化科学发展的主要思路和目标。云南省人民政府于 2011 年 8 月 31 日正式印发《云南省人民政府关于加强耕地保护促进城镇化科学发展的意见》（云政发〔2011〕185 号），充分肯定加强保护耕地和促进城镇化科学发展的重要意义，并提出加强保护耕地和促进城镇化科学发展的总体要求、工作重点以及政策措施。

2011 年 9 月 5 日，云南省委省人民政府在大理召开高规格 "全省保护坝区农田建设山地城镇工作会议"，会议专题部署坝区农田保护和山地城镇建设，提炼出"16 字"方针——"守住红线、统筹城乡、城镇上山、农民进城"，促进"山水田园一幅画、城镇村落一体化、城镇朝着山坡走、田地留给子孙耕"，为建设用地上山定下基调[37]。同时，云南省被国土资源部列为全国首批低丘缓坡土地综合开发利用试点省（市、自治区）。

云南省的"城镇上山"战略正式得以确立。

"城镇上山"战略的最主要作用与意义在于保护坝区优质耕地，确保粮食安全和农产品有效供给，保障边疆地区农村社会稳定。城乡建设向山地发展是云南客观自然地理条件所决定的，是遏制坝区优质耕地被蚕食的要求，也是改变粗放利用土地的要求。《云南省人民政府关于加强耕地保护促进城镇化科学发展的若干意见》明确规定，将坝区现有 80%以上的优质耕地划为永久基本农田，实行特殊保护，并按照建设山地、山水、田园型城镇的要求，进行城镇和乡村规划，确定发展界线。通过实施"城镇上山"战略，将使全省绝大部分宝贵的坝区耕地得到永久性保护，坝区优美的田园风光得以保存和延续，从而使基本农田保护目标落到实处，有效地保障省域粮食安全和农产品有效供给，并为子孙后代留下宝贵资源财产。此外，通过"城镇上山"，创新城镇化发展思路，推动云南城镇化科学健康发展。引导"城镇上山"，发展山地城镇，将有助于保持和发展云南少数民族文化特色，延续传统城镇、村寨的建筑风貌，比在坝区"摊大饼"式的发展方式更好、更切合实际[32]。通过探索出一条符合云南实际的集约化和科学化用地之路，实施城镇和工业用地向山地发展，既减少占用耕地规模，也远离坝区密集的农田、村庄，有力地化解和减少以往坝区过多地征地所引发的农民与地方政府、企业之间的矛盾，有效地维护农民利益，保持边疆农村社会稳定。

保护坝区农田、实施"城镇上山"战略是云南省贯彻落实国家"三个最严格"土地管理制度而作出的重大决定，是破解耕地保护与建设用地需求矛盾、破解保护资源与保障发展"两难"困局、促进保经济发展和保耕地红线"双保"工程的伟大创举，将对云南社会经济发展产生巨大影响，同时也为其他地区在山区土地资源合理开发利用方面提供借鉴。

为切实、有效保护坝区耕地资源，保护祖先留给我们的美丽坝区田园景观，推进"美丽云南"建设，需要认真贯彻落实"城镇上山"战略，切实树立保护坝区耕地的理念，积极引导"城镇上山"和工业项目上山，推动城镇尽量向山坡、丘陵地发展，多利用荒山荒坡搞建设，少占或不占坝区优质农田，努力实现"城镇朝着山坡走、良田留给子孙耕"的目标。

二、山区建设用地适宜性评价在实施"城镇上山"战略中的基础支撑作用分析

实施"城镇上山"战略，规划要先行。没有科学规划作为基础支撑，"城镇上山"将是盲目和异想天开，其结果不仅严重破坏山区生态环境，还严重影响山区经济社会发展大计，甚至会酿成新的山地灾害，从而危及山区人民生命财产安全。规划不仅是指城镇建设规划（山地城镇发展规划），而且还包括城镇上山型土地利用总体规划，同时涉及林地保护利用规划。只有把这 3 个规划科学地编制好，才会使"城镇上山"有坚实的科学基础和技术支撑。云南于 2011 年下半年在全省范围内部署开展县乡两级基于坝区耕地保护与"城镇上山"战略的土地利用总体规划完善编制（简称"城镇上山"型土地利用规划），并要求做好城镇近期建设规划和林地保护利用规划的调整完善工作。为进一步做好这 3 个规划的调整完善和审批工作，确保保护坝区农田、建设山地城镇工作科学、规范、有序地开展，省政府办公厅于 2012 年 1 月 5 日发布《云南省人民政府办公厅关于印发云南省城镇上山三个规划调整完善审查工作方案的通知》（云政办发〔2012〕2 号），正式印发了《云南省城镇上山三个规划调整完善审查工作方案》，由省国土资源厅、省住房城乡建设厅、省林业厅组成联合审查组，对各县（市、区）的 3 个规划调整完善成果以及 3 个规划衔接工作（简称"三规衔接"）进行审查。开展县级土地利用总体规划、城镇建设规划和林地保护利用规划相互衔接的编制工作在全国属于首次。在"三规衔接"中，土地利用总体规划属于基础性、全局性规划，起着"底盘"作用，明确要求城镇建设规划的城镇建设范围界线必须与土地利用总体规划确定的"城镇建设用地区"、"允许建设区"和"有条件建设区"范围界线相适应。在这种"城镇上山"型土地利用总体规划的编制中，必须要以山区建设用地适宜性评价作为基础和前提。

实行城镇建设用地上山，首先要回答的是该上什么样的山地，不该上什么样的山地。因此，实施"城镇上山"战略，其基础和支撑是开展山区城镇建设用地适宜性评价。从城市防灾角度看，城市土地利用规划与布局中的重要问题是对城市用地适宜性进行风险评价[38]。国内外相关学者将城市建设用地适宜性评价视为城市规划和城市土地利用规划的重要基础性工作。因此，云南省在编制"城镇上山"型土地利用规划中，广泛开展山区建设用地适宜性评价。

在"城镇上山"型土地利用总体规划中，核心任务有两项[39]：①进行建设用地布局调整与优化，即按照"集约节约用地、保护坝区耕地、建设山地城镇、山地工业及城乡协调发展"基本要求，对现行土地利用总体规划中的建设用地布局进行调整和优化；②进行基本农田布局调整，即按"增加坝区基本农田、减少山地基本农田、提高质量"要求，对现行土地利用总体规划（2006—2020 年）中的基本农田布局进行调整，要求各县（市、区）坝区现有耕地划为基本农田面积应占坝区耕地总面积 80%以上，将以往规划布局中的"基本农田上山"模式改为"基本农田下坝"模式。基于上述核心任务，山区建设用地适宜性评价在"城镇上山"型土地利用规划编制中的作用，着重体现在"新增城镇建设用地和工业项目用地在山区的合理布局"这一关键环节上。"合理布局"指新增城镇建设用地和工业用地应当布局在环境条件适宜的缓坡宜建地范围内。这就要求新增城镇建设用地和工业用地在山区的空间布局范围与"山区建设用地适宜性评价图"中确定的宜建地分布范围相符合，不能布局在环境条件恶劣的"不宜建土地"范围内。而且，由于建设成本和安全程度制约，新增城镇建设用地和工业用地尽可能布局在条件较好的一等宜建地和二等宜建地范围内。可见，山区建设用地适宜性评价对于"城镇上山"型土地利用规划中的核心任务——新增城镇建设用地和工业项目用地在山区的合理布局起着直接的基础依据和支撑性作用，通过这一基础性支撑，使城镇上山战略的关键性规划——"城镇上山"型土地利用总体规划得以科学地编制和实施，从而推进"城镇上山"

战略顺利实施。

　　山区建设用地适宜性评价在实施"城镇上山"战略中的上述基础性支撑作用可以用图 2-1 直观地加以表示。

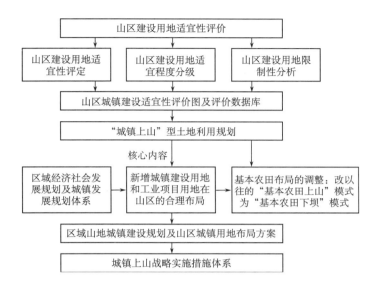

图 2-1　山区建设用地适宜性评价在实施"城镇上山"战略中的基础支撑作用示意图

参 考 文 献

[1]FAO. A framework for land evaluation. Rome: Food and Agriculture Organization of the United Nations, 1976.

[2]谢应齐，杨子生. 土地资源学. 昆明: 云南大学出版社，1994.

[3]杨子生. 山区城镇建设用地适宜性评价方法及应用——以云南省德宏州为例. 自然资源学报，2016，31(1): 64-76.

[4]杨子生，刘彦随，卢艳霞. 山区水土流失防治与土地资源持续利用关系探讨. 资源科学，2005，27(6): 146-150.

[5]Singh R B. Understanding high mountain land use towards sustainable environmental management in Jammu and Kashmir//Haigh M J, Krecek J, Rajwar G S, et al. Headwaters: Water Resources and Soil Conservation, 1998: 409-422.

[6]杨子生，刘彦随. 中国山区生态友好型土地利用研究——以云南省为例. 北京: 中国科学技术出版社，2007.

[7]Lin L L, Wang C W, Chiu C L, et al. A study of rationality of slopeland use in view of land preservation. Paddy and Water Environ ment, 2011, 9(2): 257-266.

[8]杨子生. 试论土地生态学. 中国土地科学，2000，14(2): 38-43.

[9]Brown L R. Building a Sustainable Society. New York: W.W. Norton, 1981.

[10]World Commission on Environment and Development (WCED). Report of the World Commission on Environment and Development: Our Common Future. New York: Oxford University Press, 1987.

[11]中国环境报社. 迈向 21 世纪——联合国环境与发展大会文件汇编. 北京: 中国环境科学出版社，1992.

[12]尹继佐. 可持续发展战略普及读本. 上海: 上海人民出版社，1998.

[13]FAO. FESLM: An International Framework for Evaluating Sustainable Land Management. Rome: Food and Agriculture Organization of the United Nations, 1993.

[14]蔡运龙，陈睿山. 土地系统功能及其可持续性评价//刘彦随，杨子生，赵乔贵. 中国山区土地资源开发利用与人地协调发展研究. 北京: 中国科学技术出版社，2010: 10-19.

[15]Pérez-Soba M, Peti S, Jones L, et al. Land use functions—a multifunctionality approach to assess the impact of land use changes on land use sustainability//Helming K, Pérez-Soba M, Tabbush M P. Sustainability Impact Assessment of Land Use Changes. Berlin: Springer, 2008: 375-404.

[16]王万茂. 土地资源管理学. 北京: 高等教育出版社，2005.

[17]许海波，丁宪浩. 统筹人与自然和谐发展 积极建设生态文明. 理论界，2005，(6): 14-19.

[18]凌志，杨德才. 试析统筹人与自然和谐发展理论的产生及意义. 生态经济，2006，(5): 51-54.

[19]陶国富. 重视生态伦理建设. 人民日报，2006-04-14(15).

[20]杨国清，祝国瑞. 土地生态伦理观与土地伦理利用. 科技进步与对策，2005，22(2): 90-91.

[21]Taylor P W. Respect for Nature: A Theory of Enviromental Ethics. Princeton: Princeton University Press, 1986.

[22]《中国 1:100 万土地资源图》编委会.《中国 1：100 万土地资源图》编图制图规范. 北京: 科学出版社，1990.

[23]Wu Z L, Yang Z S. Study on the indicator system for evaluating the suitability of the mountainous land for construction// 刘彦随，卓玛措. 中国土地资源开发利用与生态文明建设研究. 西宁: 青海民族出版社, 2013: 559-565.

[24]周豹，赵俊三，袁磊，等. 低丘缓坡建设用地适宜性评价体系研究——以云南省宾川县为例. 安徽农业科学，2013，41(28): 11 528-11 531，11535.

[25]陈百明. 土地资源系列研究方法的探讨——以新疆呼图壁县绿洲为例. 自然资源学报，1987，2(2): 171-183.

[26]刘黎明. 土地资源学. 4 版. 北京: 中国农业大学出版社，2009.

[27]杨子生，赵乔贵，辛玲. 云南土地资源. 北京: 中国科学技术出版社，2014.

[28]杨子生，赵乔贵. 基于第二次全国土地调查的云南省坝区县、半山半坝县和山区县的划分. 自然资源学报，2014，29(4): 564-574.

[29]Lu Y Y, Yang Z S. Analysis of land use characteristics in mountainous areas in Yunnan Province based on Second National Land Survey. Agricultural Science and Technology, 2014,15（9）: 1438-1440.

[30]云南省土地管理局，云南省土地利用现状调查领导小组办公室. 云南土地资源. 昆明: 云南科技出版社，2000.

[31]李倩. 不论平地与山尖 无限风光尽被占——云南省调整城乡建设用地方式发展山地城市的实践. 中国土地，2011，(8): 8-11.

[32]李自良. 用地上山 云南力推土地新政——专访云南省委书记秦光荣. 半月谈，2011，(19): 31-35.

[33]李倩. 向山地进军——访云南省国土资源厅厅长和自兴. 中国土地，2011，(8): 12-14.

[34]费燕，杨子生. 云南"建设用地上山"战略实施现状、问题及对策//杨子生. 中国土地开发整治与建设用地上山研究. 北京: 社会科学文献出版社，2013: 81-91.

[35]谢炜. 促进我省房地产市场健康稳定发展. 云南日报，2011-01-31(1).

[36]秦光荣. 走出一条符合实际的城镇化之路——关于云南保护坝区农田、建设山地城镇的调查与思考. 光明日报，2011-11-15(3).

[37]赵希，唐薇. 解读云南"用地上山"路线图. 春城晚报，2011-11-08(A08-09).

[38]Zhu Q J, Su Y P, Wu D S. Risk assessment of land-use suitability and application to Tangshan City. International Journal of Environment and Pollution, 2010, 42（4）: 330-343.

[39]Yang Z S, Zhao Q G, Zhang S Q, et al. Application mode of the evaluation outcomes of mountainous land suitability for urban construction in compilation of general land-use planning in Yunnan Province—based on the strategy of "constructing mountainous cities" and Its effects//Liu Y U, Fu D, Tong Z X, et al. Civil Engineering and Urban Planning Ⅳ. London, UK: CRC Press, Taylor and Francis Group, 2016: 7-11.

第三章 山区建设用地适宜性影响因素分析与评价指标体系构建

开展山区城镇建设用地适宜性评价最为关键性的环节是合理地选取和确定参评因子。因此，本章拟在深入分析山区建设用地适宜性影响因素基础上，构建起科学、可行的评价指标体系。

另需指出，2011年以来，云南制定的"城镇上山"战略与国土资源部部署开展的低丘缓坡土地资源综合开发利用试点实际上是一脉相通的，从具体实践来看，两者其实是一回事，只是作为新事物，科技界对低丘缓坡土地的定义尚未统一，这不利于中国低丘缓坡土地资源综合开发利用战略实施，因而需要进行深入探讨，以便合理地分析和确定低丘缓坡宜建土地影响因素和评价指标。

第一节 我国低丘缓坡土地的概念与内涵探析

一、低丘缓坡土地概念提出的背景

2011年年初以来，面对各地普遍反映新增建设用地指标短缺、保障经济发展和保护土地资源的"两难"局面和"双重"压力的日益突出化，国土资源部决定以建设用地"上山"开路，在全国部分省（市、自治区）先行试点，开展低丘缓坡土地资源综合开发利用[1]。2011年9月，国土资源部出台了《低丘缓坡荒滩等未利用土地开发利用试点工作指导意见》，确定了云南、浙江、江西、湖北、重庆、贵州等省（市）作为试点地区。

云南2011年上半年确立了"城镇上山"战略之后，于2011年7~12月在全省部署开展坝区耕地保护与建设用地"上山"型的各级土地利用总体规划完善工作；同时按照国土资源部的低丘缓坡土地资源综合开发利用试点工作要求，积极行动和部署，制定了低丘缓坡土地资源综合开发利用试点工作方案，该试点方案于2012年获国土资源部批准实施，于是，各地低丘缓坡土地综合开发利用试点地区用地审批工作有序推进，部分试点项目区块已经初具规模[2]。

浙江低丘缓坡土地资源综合开发利用早在2005年就开始进行。为缓解该省土地供需紧张，实现全省耕地占补平衡，浙江省人民政府于2005年8月15日发出《浙江省人民政府关于推进低丘缓坡综合开发利用工作的通知》（浙政发〔2006〕20号），要求加强低丘缓坡综合开发利用工作。2008年12月1日又发出《浙江省人民政府办公厅关于进一步做好低丘缓坡综合开发利用工作的通知》（浙政办发〔2008〕84号），明确提出各地在修编新一轮土地利用总体规划过程中，要充分考虑并体现本地区低丘缓坡综合开发利用的实际需要。同时，编制了《浙江省低丘缓坡重点区块开发规划（2010~2020年）》（包括52个建设用地重点区块，规模为2.09万hm²），各级部门与地方配合，细化地方区域地块开发规划与建设要求[3]。

福建也是较早开展低丘缓坡土地综合开发利用的地区。目前，福建龙岩的"引工业上山，建梯田工厂"等低丘缓坡开发行动取得了较好成效[4]。

然而，中国对低丘缓坡土地的概念尚无统一的定义，各地国土资源部门和科技人员对低丘缓坡土地的含义有着不同理解，这不利于中国低丘缓坡土地资源综合开发利用战略实施。随着全国低丘缓坡土地资源综合开发利用试点逐步深入，很有必要对低丘缓坡土地的概念进行合理界定和剖析。

二、中国现有低丘缓坡土地代表性概念

在进行低丘缓坡土地综合开发利用的试点和实践中，由于各地自然条件和土地资源状况有很大差异，使各地国土资源部门以及不同科技人员对低丘缓坡土地概念和内涵的理解和认识也有着一定的区别。中国对低丘缓坡土地的代表性概念主要有以下 6 种。

（1）"百度百科"[5] 对低丘缓坡土地的解释是，低丘缓坡土地属于丘陵地形的一种小型形式。一般分布在海拔 10～200m，相对高度一般不超过 200m，起伏不大，坡度较缓，地面崎岖不平，由连绵不断的低矮山丘组成的地形。低丘缓坡土地一般没有明显的脉络，顶部浑圆，是山地久经侵蚀的产物。低丘缓坡土地广泛分布在中国东南沿海，如赣闽交界的武夷山脉区域。

（2）较早开展低丘缓坡土地开发的浙江省使用的低丘缓坡土地概念。低丘缓坡土地在浙江省指的是"广大低山丘陵区集中连片分布的，坡度 25° 以下且面积大于 2hm² 的缓坡地，主要包括荒草地、裸土地、废弃园地、低效林地等多种土地后备开发资源"[6, 7]。

（3）王志清等认为，广义低丘缓坡土地是指海拔 300m 以下（包括丘陵和山地）、坡度 5°～34° 的山坡地，狭义低丘缓坡土地是指海拔低于 300m 的丘陵区坡度 5°～14° 的山坡地，两者分别扣除其中已有建设用地、划入基本农田保护范围的土地、生态公益林用地、湿地水域面积、优质农产品的原产地保护面积和坡度超过 25° 的面积后，余下面积即为广义或狭义可供建设用地面积[8]。

（4）宋梦意认为，低丘缓坡土地是一个综合性的概念，比较准确的定义应是：坡度在 5°～25° 的丘陵，且相对高度在 200m 以下。而目前，低丘缓坡土地一般指低丘缓坡区，因此低丘缓坡土地是广大集中连片分布的，坡度在 5°～25°，相对高度在 200m 以下的丘陵地带，且面积大于 2hm²，主要包括灌木林地、疏林地、未成林造林地、迹地、荒草地、裸土地、裸岩石砾地、滩地、苇地、沼泽地、废弃园地、低效林、其他未利用土地等后备土地资源[9]。

（5）云南省国土资源厅 2012 年 12 月正式出台的《云南省县级低丘缓坡土地综合开发利用专项规划编制技术指南（试行）》确定了低丘缓坡土地和低丘缓坡区块定义，低丘缓坡土地是指"在云南省划定的坝区范围以外，主要坡度在 8°～25° 的低丘山地"；低丘缓坡区块指"土地利用类型主要为未利用地、劣质耕地、低质低效林地，具备一定的交通条件，水源、电力有保障，适宜开发建设的低丘缓坡区域，区块面积不小于 50hm²"。

（6）庞宇在开展广西东兴市低丘缓坡土地综合开发利用潜力调查评价时所采用的低丘缓坡土地概念为坡度"6°～25° 的土地"[10]。其中，各类规划确定的禁止建设区、敏感区等限制区域（生态公益林区、水源保护区、风景名胜区、自然保护区、水土保持区、地质灾害高易发区、重要矿产压覆区和基本农田保护区等）中低丘缓坡图斑作为不适宜开发利用低丘缓坡土地。从地块规模看，考虑开发利用效益，将面积小于 20hm² 的低丘缓坡地块归为不适宜开发利用土地范畴。

中国不同研究者和各地国土资源部门对低丘缓坡土地概念的理解有所不同，内涵和外延有一定区别，但有一个共同目标和方向，那就是低丘缓坡土地开发的基本目的和出发点在于保护平原、盆地等平地区域的优质耕地，向低山丘陵区拓展土地开发空间（尤其是建设用地空间），解决保障经济发展与保护耕地资源之间的尖锐矛盾。

三、低丘缓坡土地的概念界定与基本内涵

（一）低丘缓坡土地概念的几个关键问题

低丘缓坡是地貌学上的概念。按照地表形态的差异，在中国，陆地地貌在习惯上划分为平原、

丘陵、山地、高原和盆地五大地貌类型，本书的"低丘"即为"丘陵"内的一种类型。

　　按照"顾名思义"的原则去理解或解释，"低丘"也就是低矮丘陵，相当于低矮小山。"缓坡"，则可以理解为坡度不大的坡，也就是说，坡不陡或者不太陡。综合起来，低丘缓坡土地在字义上可以理解为"低矮丘陵区坡度不陡的土地"，或者低矮且坡度不陡的丘陵地。但作为一个科学概念，尚需要深究其中 3 个关键问题："低丘"中的"低"是什么意思，其标准是什么？"缓坡"中的"缓"是何意，到底其标准是多少？低丘缓坡土地中的"土地"是仅指未利用地、低效土地还是全部土地？

1. "低丘"中"低"的含义和标准问题

　　丘陵为世界五大陆地基本地形之一，是指地球表面形态起伏和缓、绝对高度在 500m 以内、相对高度不超过 200m、由各种岩类组成的坡面组合体[11]。按相对高度划分，200m 以上为高丘陵，200m 以下为低丘陵；按坡度划分，25°以上称陡丘陵，25° 以下称缓丘陵。

　　有的文献指出："丘陵是指海拔 500m 以下，有明显起伏、无明显脉络的地类，根据高程不同，又可分为海拔 300m 以下的低丘和 300～500m 的高丘"[8]。

　　可见，"低丘"中的"低"，其含义是针对海拔而言，只不过有的文献指绝对海拔，有的则是指相对高度，即地形的起伏高度。那么，"低丘"中的"低"应该指绝对海拔还是指相对高度才合理呢？

　　中国较早提出的地貌分类方案有两种：一是周廷儒等[12]，根据海拔、相对高度、构造特征以及蚀积特征和地貌特征，将我国地貌类型划分为平原（海拔多数不足 200m，相对高度不足 50m）、盆地（盆心与盆周高差超过 500m）、高原（海拔超过 1000m，与附近低地高差超过 500m）、丘陵（海拔多数不足 500m，相对高度 50～500m）、中山（海拔 500～3000m，相对高度 500m 以上）和高山（海拔超过 3000m）6 大类型。这个方案可称为中国最早的现代地貌分类系统。其二是沈玉昌的分类方案[13]，系为配合中国地貌区划工作而进行划分，该方案除划分出山地、平原、台地外，对山地类型依据海拔高度 500m、1000m、3000m 和 5000m 为指标，划分了丘陵、低山、中山、高山和极高山，并进一步按切割深度 100m、500m 和 1000m 划分了丘陵、浅切割山地、中等切割山地和深切割山地 4 类。这一方案曾被广泛引用，也为今天山地基本地貌类型划分奠定基础。显然，上述"丘陵是指海拔 500m 以下……"的提法无疑就是沈玉昌地貌分类方案的体现。

　　但正如李炳元等[14]指出，由于当时对全国地貌研究还不够深入，该地貌分类系统的山地高度分级及其划分指标难以全面反映中国地貌的特征。就丘陵等地貌形态类型而言，不仅在东部低海拔有较多的较大面积连片分布，而且在青藏高原、云贵高原等中国地势一、二级阶梯内亦呈现出一定分布。因此，采用绝对高度指标来划分丘陵、山地等地貌类型并不科学、合理，容易造成与人们观察山地时所固有的高低观念相冲突。正如高玄彧指出，分布于中国地势三个不同阶梯上的丘陵（或低山、中山、平原等）的绝对高度不同，但人们对于它们的高低观念却是相同，很少有人会认为青藏高原上的丘陵比中国东部地区丘陵在感觉上会高得多[15]。

　　中国科学院地理科学与资源研究所主编的《中国 1:1 000 000 地貌图制图规范（试行）》[16]虽然仍沿用了沈玉昌方案，将山地以 1000m、3500m 和 5000m 作为指标，把中国山地海拔划分为低山、中山、高山和极高山 4 类，但对平原、台地、丘陵则不论海拔高低均归属同一类。丘陵在绝对海拔高度上可以分为 4 级：不足 1000m、1000～3500m、3500～5000m 和超过 5000m。根据起伏高度，将丘陵分为低丘陵（起伏高度不足 100m）和高丘陵（起伏高度 100～200m）2 类。

　　李炳元等[14]（2008）将丘陵（起伏高度不足 200m）按绝对海拔分为低海拔丘陵（不足 1000m）、

中海拔丘陵（1000~2000m）、高中海拔丘陵（2000~4000m）和高海拔丘陵（4000~6000m）4 类。

"低丘"中的"低"，其含义是针对起伏高度（即相对高差）而言，具体标准，按照《中国 1∶1 000 000 地貌图制图规范（试行）》[16]，是指起伏高度不足 100m。也就是说，低丘一般应是指起伏高度不足 100m 的丘陵。这一指标在中国西部广大山区明显偏低。从目前云南一些地方申报的低丘缓坡土地资源综合开发利用项目（区块）来看，相对高差（起伏高度）明显超过了 100m。在西部山区，因许多地方地势高差较大，不少坝子周边的低山丘陵、山前台地等可以归入"低丘缓坡土地资源综合开发项目"的山地丘陵区域的高差往往突破 100m。因此，在低丘缓坡土地开发区域，需要坚持因地制宜地，对"起伏高度"指标应有一定灵活性。按《中国 1∶1 000 000 地貌图制图规范（试行）》[16]确定的起伏高度指标来划分，起伏高度 30~100m 为低丘陵，100~200m 为高丘陵，200~500m 为小起伏（低山、中山），500~1000m 为中起伏（低山、中山、高山、极高山），1000~2500m 为大起伏（中山、高山、极高山），超过 2500m 为极大起伏（中山、高山、极高山）（表 3-1）。从中国中西部山区实施低丘缓坡土地综合开发利用战略的实际需要来看，"低丘"中"低"的具体指标以《中国 1:1 000 000 地貌图制图规范（试行）》[16]中的小起伏低中山（200~500m）的下限 200m 为宜。

本书关于"低丘缓坡"中"低"的具体指标与宋梦意[9]论及的低丘缓坡概念相一致，即"相对高度在 200m 以下"。

表 3-1　中国地貌基本形态划分指标[16]

起伏高度/m		不足 30	30~100	100~200	200~500	500~1000	1000~2500	超过 2500
海拔/m	不足 1000	平原，台地	低丘陵	高丘陵	小起伏低山	中起伏低山		
	1000~3500				小起伏中山	中起伏中山	大起伏中山	极大起伏中山
	3500~5000				小起伏高山	中起伏高山	大起伏高山	极大起伏高山
	超过 5000				小起伏极高山	中起伏极高山	大起伏极高山	极大起伏极高山

2. "缓坡"中"缓"的含义和标准问题

"缓坡"中的"缓"指的是坡度，反映的是坡度大小问题。前已指出，"缓坡"可以理解为坡度不大的坡，或者说坡不陡。那么，"坡度不大"或者"不陡"的标准综合有关文献，主要有以下 5 种观点。

（1）不足 25°。刘卫东和严伟[6]、郭戬[7]均如此表述。

（2）指 5°~25°。宋梦意[9]论及的低丘缓坡概念中，明确指出其坡度大小为 5°~25°。

（3）指 8°~25°。云南省国土资源厅 2012 年出台的《云南省县级低丘缓坡土地综合开发利用专项规划编制技术指南（试行）》所确定的低丘缓坡概念的坡度大小为 8°~25°。

（4）指 6°~25°。庞宇在开展广西东兴市低丘缓坡土地综合开发利用潜力调查评价时所采用的低丘缓坡土地概念的坡度范围为 6°~25°[10]。

（5）指 5°~34°（广义）和 5°~14°（狭义）。王志清等指出，坡度等级分为 6 级，即：坡度不足 5°为平坡，5°~14°为缓坡，15°~24°为斜坡，25°~34°为陡坡，35°~44°为急坡，达到或超过 45°为险坡。广义低丘缓坡是指海拔 300m 以下、坡度 5°~34°的山坡地，狭义低丘缓坡是指海拔低于 300m 的丘陵区坡度 5°~14°的山坡地[8]。

大部分观点认为，"缓坡"中的"缓"是指坡度不超过 25°。

从地理学角度看，坡度是丘陵和山地资源开发的重要限制因子。在山区（含丘陵），随着坡度增加，坡面物质的稳定性降低，使坡面水土流失加重。通常，当坡度超过 25°时，极易引起严重的水土流失，甚至容易发生崩塌、滑坡、泥石流等不利于人类生产与生活的地质灾害。中国《水土保持法》第二十五条规定："禁止在 25°以上陡坡地开垦种植农作物"[17]。

至于"缓坡"中"缓"的下限坡度值，宜与中国已开展的土地资源调查中所采用的坡度分级体系相对应，这便于应用全国土地利用现状调查成果开展低丘缓坡规划、开发实践和具体管理。全国农业区划委员会 1984 年制定的《土地利用现状调查技术规程》[18]和国土资源部 2007 年 7 月发布的《第二次全国土地调查技术规程》[19]（TD/T 1014—2007）均将耕地坡度等级分为 5 级，即：Ⅰ级：不足 2°；Ⅱ级：2°～6°；Ⅲ级：6°～15°；Ⅳ级：15°～25°；Ⅴ级：超过 25°（表 3-2）。这一坡度分级体系应用已久，在土地利用规划、整治、保护和管理中成效显著。

表 3-2　我国土地调查中的耕地坡度分级指标[18,19]

耕地坡度等级	Ⅰ级	Ⅱ级	Ⅲ级	Ⅳ级	Ⅴ级
分级指标	不足 2°	2°～6°	6°～15°	15°～25°	超过 25°

参照中国土地调查中的坡度分级体系，本书认为，"缓坡"中"缓"的下限坡度值以 6°为宜。

至于云南采用的下限坡度值为 8°，这是由于长期以来云南划分坝区与山区的坡度界线一直为 8°[20-22]，凡 8°以下、连片面积 1km² 以上的区域均划为坝区（平地区）[22]。为推进低丘缓坡土地资源综合开发、实施"城镇上山"战略、保护坝区优质耕地资源，2007～2009 年开展的云南第二次土地调查专门部署了各县（市、区）坝区土地资源和土地利用调查项目[22]，2012 年 3 月完成全省 129 个县（市、区）1699 个连片面积 1km² 以上坝子的土地调查与核定任务，获得了宝贵的云南坝区土地利用数据，并应用于全省各地建设用地"上山"型土地利用总体规划修编中。因此，云南将低丘缓坡土地的坡度范围确定在 8°～25°，是符合云南实际情况的，这也将更好地保护山区十分有限的优质耕地。

3.低丘缓坡土地中"土地"包含的类别和范畴问题

国内对低丘缓坡土地中的"土地"所包含的类别和范畴有着不同的理解，主要有以下 4 类。

（1）仅指未利用地。国土资源部 2011 年出台的《低丘缓坡荒滩等未利用土地开发利用试点工作指导意见》，提出的低丘缓坡土地开发主要是指未利用土地，是针对"荒山荒坡荒滩土地资源"而言的。

（2）包括未利用地和低效林地。刘卫东和严伟[6]、郭戬[7]均指出，低丘缓坡土地"主要包括荒草地、裸土地、废弃园地、低效林地等多种土地后备开发资源"。宋梦意[9]认为，低丘缓坡土地"主要包括灌木林地、疏林地、未成林造林地、迹地、荒草地、裸土地、裸岩石砾地、滩地、苇地、沼泽地、废弃园地、低效林、其他未利用土地等后备土地资源"。

（3）未利用地、劣质耕地、低质低效林地。《云南省县级低丘缓坡土地综合开发利用专项规划编制技术指南（试行）》明确规定，低丘缓坡区块的"土地利用类型主要为未利用地、劣质耕地、低质低效林地"。

（4）指"低丘缓坡"范围内的全部土地。王志清等[8]认为，上述低丘缓坡土地概念没有明确包含哪些地类范畴。可以理解为是"低丘缓坡"范围内的全部土地。

上述 4 种观点各有其合理一面。但从"综合开发利用"的角度出发，低丘缓坡土地中的"土地"以包括"低丘缓坡"范围内的全部土地为宜。这是因为，按利用程度，土地可分为"已利用地"和

"未利用"地两类，其中"已利用地"按用途又分为"农用地"和"建设用地"。通常而言，与开发条件较好的平原区和盆地区相比，丘陵和山地区"已利用地"的集约利用程度、利用效率和效益等大都不高，属于"低效地"的比例较大，因此，大部分"已利用地"普遍存在着进一步挖潜、需要开展"深度开发"的问题；至于"未利用地"的开发则属于"广度开发"范畴。因此，低丘缓坡土地资源综合开发利用应当是"低丘缓坡"范围内全部土地或者各类土地的综合开发与利用，而不仅仅局限于目前普遍只开发具有发展建设用地潜力、能为工业项目和城镇村镇提供新用地拓展空间的那部分低丘缓坡地。

（二）低丘缓坡土地概念的界定与基本内涵

为使中国低丘缓坡土地资源综合开发利用战略真正实现保护耕地、拓展建设用地空间、改善生态环境、促进土地资源可持续利用的基本目的，本书在参考和借鉴上述已有概念基础上，将低丘缓坡土地定义为起伏高度一般不足 200m、坡度一般在 6°～25°的土地。低丘缓坡土地是基于地貌形态特征的一种土地概念，"低丘"和"缓坡"是这类土地的两个基本限定词（定语）。这一概念至少包括以下 3 个基本内涵。

（1）"低丘"中的"低"乃针对相对高差（即起伏高度）而言，是指相对高差（或起伏高度）较小，在视觉上具有"低矮"之感。"低"的具体标准，在地貌形态划分中，一般情况下是指相对高差（或起伏高度）低于100m。但由于自然界的复杂性和局部地方的复杂性，在某些局部地方的低丘缓坡土地资源调查与综合开发利用规划时有可能适当突破100m，尤其在中国西部地区，因地势高差往往较大，许多适合列入"低丘缓坡土地综合开发利用"范畴的山地丘陵区域，其相对高差（起伏高度）常常高于100m，因此，本书关于"低丘"中"低"的具体指标建议为200m。

"低丘"中的"丘"，一般是指丘陵或者类似丘陵的地貌形态。但在上述定义中却没有出现"丘陵"二字，这是基于以下两点考虑。

一方面，在中国地貌形态类型划分中，已经明确：起伏高度不足 100m 的属于低丘陵，起伏高度在 100～200m 的属于高丘陵[14, 16]。因此，在定义中没有必要再出现"丘陵"二字。

另一方面，由于中国幅员辽阔，各地自然环境和地貌形态非常复杂，有些区域虽然与常规丘陵形态特征不同，但符合低丘缓坡土地基本地貌指标（起伏高度一般不足100m、坡度一般6°～25°），这种情况下依然需要归入低丘缓坡土地进行综合开发利用。作者 2011 年在滇西南的芒市、瑞丽等县（市）进行"建设用地上山"型的土地利用总体规划修编研究时，通过对坝子（盆地）周边缓坡地、台地的实地考察，发现这些地方地貌类型的大致分布规律是：坝子（平坦）—山前台地、河流阶地、丘陵地—中山地。也就是说，能够"城镇上山"的区域地貌形态大多是地形较缓的山前台地、河流阶地，真正意义上的丘陵很少。目前，这些地方开展的建设用地上山（低丘缓坡土地开发）项目也多为山前台地、河流阶地（当地在习惯上称为"二台地"）。

（2）"缓坡"中的"缓"则是指地形坡度不大，也就是坡不陡。"缓"的上限坡度值，以《水土保持法》规定的禁止开垦坡度值——25°为宜；而"缓"的下限坡度值，宜以《土地利用现状调查技术规程》[18]和《第二次全国土地调查技术规程》[19]确定的第 II 坡度级的上限值——6°为宜。也就是说，"缓坡"所指的坡度范围为 6°～25°。这一坡度范围包括了中国土地调查中的两个坡度级，即Ⅲ级（6°～15°）和Ⅳ级（15°～25°）。

此外，"缓坡"中的"坡"不宜理解为"坡地"，而应侧重理解为"坡度"[9]。如果将"坡"理解为"坡地"，那么"缓坡"也就是指坡度不大的坡地，于是，极易出现这样一种"望文生义"的解释：低丘缓坡等于低矮的丘陵和平缓的坡地。这种解释有其不合理之处：①丘陵与坡地并非是并列关系。坡地是陆地地貌的主要组成部分，又称斜坡面或坡面或坡地面，是倾斜角大于 2°的倾斜地面。整个陆地表面的 80％以上属于坡地，因此，丘陵实际上也属于坡地的一部分。宋梦意[9]作了阐述：丘陵一定是坡地，而坡地不一定是丘陵。②"低矮的丘陵"内也有可能存在着陡坡地，这与"低丘缓坡"的固有含义相矛盾，因此，不宜将"低丘"和"缓坡"并列起来进行解释。

（3）低丘缓坡土地中的"土地"包括"低丘缓坡"范围内的全部土地。这是从"综合开发利用"的角度出发提出的，低丘缓坡土地综合开发利用应当包括"低丘缓坡"范围内已利用地的"深度开发"和未利用地的"广度开发"两个基本方面。同时，开发利用的方向也应当是综合性的，做到各行业、各用地部门统筹兼顾、和谐发展，而不应仅仅只开发具有发展建设用地潜力、能为工业项目和城镇村镇提供新用地拓展空间的那部分低丘缓坡地。

此外，目前已有的低丘缓坡土地概念中，出于开发利用效益的需要，大都对低丘缓坡土地开发项目（区块）规模作了限定，而本书的上述"定义"并未作出区块规模限定，这也是出于"低丘缓坡土地资源综合开发利用战略"的实际需要。目前，各地在开展低丘缓坡土地潜力调查和综合开发利用规划时，对低丘缓坡土地开发项目（区块）规模作限定，是由于目前低丘缓坡土地开发普遍是为工业项目和城镇村镇提供新用地拓展空间，因而注重于选择开发条件较好、连片面积达一定规模、能在近期内取得明显开发效益的低丘缓坡区域作为开发项目（区块）。至于连片面积不大（区块规模较小）的低丘缓坡地，因难以达到"见效快"的开发效果，尚难以得到地方政府青睐。但是从长期来看，低丘缓坡土地综合开发利用作为一种土地利用战略，应当面向全部低丘缓坡地，进行综合性开发、利用、整治、保护和管理，使低丘缓坡土地资源充分发挥其固有功能，有力地推进土地资源的可持续利用和经济社会的可持续发展。

第二节 山区建设用地适宜性影响因素分析

土地是由地质、地貌、土壤、气候、植被、水文、土地利用现状等诸多自然和人文因素相互作用、有机构成的自然-人文综合体[23-25]。基于土地基本概念以及表征土地质量的土地属性或土地性状因素，在传统建设用地适宜性评价中，常常选取地质、地貌、土壤、气候、植被、土地利用现状、生态环境等方面指标。

经过考察和分析，在影响山区建设用地适宜性的诸多因子中，有些因子是刚性（特殊因子），如陡坡、重要矿产压覆、地质灾害等；有些则可视为影响城镇等建设基本因子（弹性因子），如岩性、土质、水文条件、地基承载力、地面工程量、建设成本、气候条件、供水与排水等条件、交通条件、生态影响度等。也有些因子属于双重因子，如坡度，一般超过 25°时，列入"一票否决"式的刚性因子，归为"不适宜"类；而不足 25°时，可以作为适宜性评价的基本参评因子，结合其他因子进行综合评价。因此，在山区城镇建设用地适宜性评价中，需要因地制宜地构建特殊因子指标和基本因子指标相结合的指标体系，并对特殊因子采用极限条件法，也称"一票否决"法，直接判定评价单元适宜与否，保证评价结果准确性[26, 27]。为进一步推进山区城镇建设用地适宜性评价，本书结合云南实际，将影响山区城镇建设用地适宜性的特殊因子分为 7 个，即地形坡度、地质灾害、地震断裂带、重要矿产压覆、基本农田保护、生态环境安全、自然与文化遗产保护，并着重分析这 7 个特殊因子对云南山区建设用地适宜性的影响和"刚性"制约作用，在此基础上总结和提炼出山区城镇建设适宜土地（简称山区宜建地）概念，为云南省以及其他类似地区开展山区城镇建设用地适宜性评价、推进山地城镇建设提供基础支撑。

一、地形坡度因子分析

地形坡度是影响山区建设用地适宜性中的重要因子，它既是特殊因子，属于刚性指标，又是基本参评因子，影响着建设用地适宜性等级。

坡度（slope）用以表示斜坡的斜度，常用于标记山地、丘陵、屋顶和道路等斜坡的陡峭程度。按照百度百科[28]和360百科[29]的解释，是指地表单元陡缓的程度。

坡度的表示方法有百分比法、度数法、密位法和分数法4种，其中以百分比法和度数法较为常用。百分比法是表示坡度最常用的方法，意指两点的高程差（h）与其水平距离（L）的百分比，用字母 i 表示，其计算公式为：$i=(h/L)\times100\%$。度数法系用度数来表示坡度，用字母 p 表示，利用反三角函数计算而得，其公式为：$\tan p=h/L$，因此，$p=\arctan(h/L)$。

在山区，具有一定坡度的山地，被视为特殊的自然-人文综合体，又可称为山地系统或山区系统[30]。与平原相比，山地有一系列特殊性状和特点，如能量（势能、动能、热能等）递变性、地表物质易地迁移性、山地环境平面（水平方向）异质性、地表形态切割破碎性等原生自然属性，（自然地理要素）垂直分异性、山地环境脆弱性、生态位不饱和性等次生自然属性，以及边际性、难达性、封闭与冲突性等人文属性[31]。在山区资源开发与生态保护及建设上，最值得关注的自然是山地生态环境的脆弱性。这里的脆弱性是指对干扰或内外力作用敏感，原来的性状尤其是原有稳定状态易于发生不稳定变化的属性[31]。就其本质而言，山地环境的脆弱性系由不同方向、不同性质、不同大小的多种"力"的不平衡性所致。以一块岩石为例，当其位于平地上时，它主要受到自身重力即地心引力作用，与平地向上的支撑力合力为零，因而它通常处于稳定状态；但当它处在斜坡上时，受到重力的斜向分力作用，坡越陡，斜向分力作用就越大，相应岩石的不稳定性也就越高（图3-1）。余大富将山地生态环境脆弱性的基本涵义归纳为两个方面[32]：①山地生物资源对开发活动的承受力低，遭受破坏性活动后的再生恢复能力弱；②山地地质和土壤的抗扰动性差。这表明，山地生态环境的脆弱性集中表现为山地土壤-植物系统的脆弱性。在大多数情况下，山地土壤即为坡地土壤。坡地土壤在其下滑势能、雨滴动能、径流冲刷力和地质力等多种"力"的综合作用下，通常具有很大侵蚀、石化、沙化和"幼年化"等退化危险性；而坡麓、谷地、台地或凹地土壤则极易遭受斜坡和上游迁移而来的碎屑物质、石砾、泥沙掩埋，从而使土壤肥力降低，植物立地条件或农业生产条件恶劣化。山区坡地的土壤侵蚀和坡底（谷地、低洼地）的掩埋作用正是山地生态环境先天脆弱性的集中反映。正由于山地生态环境具有先天脆弱性，人类对山地的各种开发活动（耕作、修路、开渠、垦荒、砍伐木材、建设山地城镇等）稍有不当，将会加剧原本已很脆弱的山地生态系统的不稳定性，形成山地生态环境的后天脆弱性。

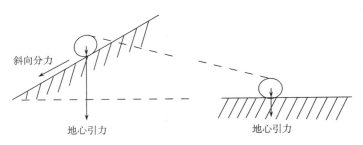

图 3-1　斜坡和平地上的物体稳定状态示意图

引自：钟祥浩，余大富，郑霖，等.《山地学概论与中国山地研究》第48页

尤其对于建设山地城镇这种高强度的山地开发活动来说，山坡的坡度大小是最为重要的影响因素之一。坡度越大，则坡地上的斜向分力作用必然越大，于是会相应地导致山坡上各类建筑物稳定性程度低，潜在危险性较大；同时，坡地上岩石、土壤等物质不稳定性很大，一旦遇到大到暴雨，在强大雨滴动能、径流冲刷力等多种"力"的综合作用下，山洪、滑坡、泥石流等诸多灾害接踵而至，易造成山地城镇建设区域生态环境遭受严重破坏，甚至导致人城俱毁的恶果。

为了避免这种恶果，通常在山地城市或山地城镇规划与建设中，当坡度的大小达到一定程度或一定级别时，就列入"禁建区"或者"不宜建设区"。例如，黄光宇在《山地城市学原理》中认为，当山坡地的坡度超过 55%（超过 28.8°）时，列为禁止开发建设的用地[33]；2011 年 5 月国务院批准的《海口市城市总体规划（2011—2020 年）》对区域空间管制进行了分区，其中坡度大于 25%的山地列为"禁止建设区"[34]；杨子生等[27]将云南芒市"宜建地"的坡度上限确定为 25°。

从山区城镇建设用地适宜性的角度来看，坡度的影响有两个方面的情况：

（1）当山地的坡度达到一定程度（尽管不同学者、不同地区所确定的坡度上限有所不同）时，就归入"禁建地"或"不宜建设区"。因此，坡度的大小首先直接决定着山区城镇建设用地的"适宜"与"不适宜"，这时可以将坡度因子视为特殊因子，具有"刚性"指标性质，只要地形坡度达到某一数值时，其建设用地适宜性评价结果即为"不适宜"，具有"一票否决"的特点。

（2）在可以进行山地城镇建设（或称"宜建"）的坡度范围内，坡度因素主要影响着地面工程量、建设成本和生态保护难易程度等方面，进而影响到山区城镇建设用地适宜性程度大小或等级。黄光宇认为，当坡度不足 5%（不足 2.86°）时，城市布局、建筑和道路基本不受影响或影响较小；当坡度为 5%～15%（2.86°～8.53°）时，影响城市建设用地组织、建筑的布置和道路的选线可稍加处理；而当坡度达到 15%～55%（8.53°～28.80°）时，用地组织、建筑布置和道路交通需要采取特殊处理[33]。因此，在"宜建"的坡度范围内，需要将坡度因素作为山区建设用地适宜性的基本参评因子，参与到评价指标体系中，与其他因子一起共同分析和决定建设用地适宜性程度等级（高度适宜、中度适宜或低度适宜）。

25°是我国《水土保持法》规定的禁止开垦坡度上限。对于建设山地城镇来说，当坡面达到 25°时，各类建筑的不稳定性很大，加之陡坡地开发和建设极易诱发滑坡、泥石流等地质灾害，危及城镇和人民生命财产安全，因此本书将超过 25°的陡坡地归为"禁建区"或者"不宜建土地"。

据云南省农业区划办公室[35]量算结果（表 3-3），全省 8°～25°（缓坡）土地 196 022.14km²，占土地总面积的 51.12%；超过 25°（陡坡）土地面积 150 576.85km²，占土地总面积的 39.27%。这表明，在云南接近 2/5 的土地为陡坡地，属于不宜建土地；而 1/2 以上的土地属于缓坡山地，多数县（市、区）坝区周边或主要城镇周边分布着不同规模的低丘缓坡地，宜建地后备资源较多，这是云南实施"城镇上山"战略的后备建设用地资源。

表 3-3　云南省不同坡度的土地面积

坡度级	不足 8°	8°～15°	15°～25°	25°～35°	超过 35°	主要水面等	土地总面积
土地面积/km²	33 990.16	52 577.60	143 444.54	110 187.43	40 389.42	2800.96	383 390.22
比重/%	8.87	13.71	37.41	28.74	10.53	0.73	100.00

注：（1）不同坡度土地面积引自《云南省不同气候带和坡度的土地面积》（云南省农业区划委员会，1987）。

（2）"主要水面等"栏，少数县包括了部分雪山、河滩、沼泽、陡崖等面积。

（3）云南省土地总面积与 2009 年 12 月完成的云南省第二次全国土地调查中的云南省土地总面积（383 186.35km²）有出入。

（4）不足 8°土地面积（33 990.16km²，占土地总面积的 8.87%）与 2009 年 12 月完成的云南省第二次全国土地调查中的坝区（不足 8°）土地调查与核定结果（24 534.81km²，占土地总面积的 6.40%[36]）有出入。

二、地质灾害因子分析

根据国务院 2003 年 11 月颁布的《地质灾害防治条例》规定，地质灾害包括自然因素或者人为活动引发的危害人民生命和财产安全的山体崩塌、滑坡、泥石流、地面塌陷、地裂缝、地面沉降等与地质作用有关的灾害[37]。云南是中国主要的泥石流易发地区，金沙江沿岸、小江流域、龙川江流域、大盈江流域等地尤其多发。云南的滑坡灾害亦很多，主要是自然因素综合作用所致，多发生在地震活动频繁、新构造运动强烈的深大断裂带上。新构造运动强烈、降水量较大且较为集中、岩层土层松软、坡度较大的山地极易发生滑坡灾害。据《中国统计年鉴》[38]，2003～2013 年，云南共计发生地质灾害 9846 次，其中滑坡 6753 次，崩塌 1081 次，泥石流 1617 次，地面塌陷 206 次；造成人员伤亡 1726 人，其中死亡人数为 754；直接经济损失 577 894 万元（表 3-4）。

表 3-4　云南省 2003—2013 年地质灾害情况[38]

年份	发生地质灾害数量/次					人员伤亡/人		直接经济损失/万元
	合计	滑坡	崩塌	泥石流	地面塌陷	合计	其中：死亡人数	
2003	1691	1234	173	220	62	96	61	35 998
2004	3056	2100	183	725	45	339	118	199 086
2005	34	20	6	8	0	78	52	44 877
2006	281	210	39	22	1	89	44	8335
2007	1154	784	126	161	23	226	114	27 522
2008	1035	870	73	70	8	224	94	109 679
2009	442	341	28	54	10	97	37	13 118
2010	812	559	95	133	11	277	102	30 760
2011	346	234	43	53	4	50	17	27 565
2012	571	318	70	102	33	145	46	29 282
2013	424	83	245	69	9	105	69	51 672
合计	9846	6753	1081	1617	206	1726	754	577 894

地质灾害对建设用地影响和危害很大，尤其对城乡建设破坏非常突出，常导致房屋冲毁或倒塌，人民生命和财产严重损失。因此，城镇建设用地上山，必须选择地质灾害不发育或者危害程度很小、可以通过工程技术手段进行治理的缓坡地。对于地质灾害高危险区（地质灾害点及其重要影响区）内的地段，应当归为不适宜建设区。在山区城镇建设用地适宜性评价中，地质灾害因子可以根据县级地质灾害防治规划，按照县域地质灾害易发分区进行赋值和确定适宜性等级。凡位于地质灾害点及隐患点、高易发区（高危险区），作为特殊因子（刚性因子）进行"一票否决"，列入"不宜建"的范畴。而非易发区、低易发区和中易发区可以归入"宜建地"中，其适宜等级相应地分别为高度适宜、中度适宜和低度适宜。

三、地震断裂带因子分析

地震是地壳局部地区发生快速颤动或震动的一种自然现象。它是由于地壳运动或岩浆活动使地球内部聚集着的巨大能量突然释放而产生。世界上 90％以上的地震和几乎所有的破坏性地震属于构造地震，即由于地下深处岩层错动、破裂而造成的地震。因此，地震的分布与地质断裂带分布密切相关。构造地震的发生通常会发生巨大能量释放，造成建设物或构筑物损坏和人员伤亡。云南位于中国南北地震带南段，受印度洋板块与亚欧板块的碰撞、挤压和太平洋板块西移影响，境内深大断裂带较为发育，构造活动极为复杂，新构造变形和地震活动非常强烈，是中国大陆地震极为频繁的地区之一。据《中国统计年鉴》[38]，2003～2013 年，中国年年发生地震的只有云南，共计发生地震 30 次，其中 5 级以上地震 24 次，造成人员伤亡 4685 人，经济损失接近 450 亿元（表 3-5）。省内主要的地震带有 8 个，即小江地震带、通海—石屏地震带、香格里拉—大理地震带、腾冲—龙陵地震区、思茅—宁洱地震区、澜沧—耿马地震带、大关—马边地震带和南华-楚雄地震带[39]。

表 3-5　云南省 2003～2012 年地震灾害情况[38]

| 年份 | 地震次数/次 | | | | 人员伤亡/人 | | 经济损失 |
	合计	5.0～5.9 级	6.0～6.9 级	7.0 级以上	合计	其中：死亡人数	/万元
2003	4	2	2	0	991	23	129 240
2004	3	3	0	0	638	5	59 016
2005	3	3	0	0	78	0	31 498
2006	3	3	0	0	206	24	55 230
2007	1	0	1	0	422	3	189 860
2008	3	2	0	0	157	5	155 240
2009	2	1	1	0	404	1	239 930
2010	2	1	0	0	52	0	35 440
2011	3	3	0	0	351	25	2 813 100
2012	3	3	0	0	1276	85	554 258
2013	3	3	0	0	110	3	237 178
合计	30	24	4	0	4685	174	4 499 990

地震对城乡建设的破坏性很大，因此，在城镇和工业用地选址中，应当避开这些地震高发区和断裂带分布区。对于云南山区城镇建设用地适宜性评价而言，地震及断裂带因子可以根据《云南省1：20 万区域地质图空间数据库》提取主要断裂带进行缓冲区分析，将距断裂带距离不足 500m 的区域划为不适宜建设区，作为特殊因子（刚性因子）。至于距断裂带距离超过 500m 的区域，可以划为适宜建设区，适宜建设的程度随距断裂带距离的增大而提高，一般按照土地适宜性程度的 3 个等级——高度适宜、中度适宜和低度适宜，相应的地震断裂带因子可以确定为：距断裂带距离分为超过 2000m、1000～2000m、501～1000m[40]。

四、重要矿产压覆因子分析

压覆矿产资源，是指在当前技术经济条件下，因建设项目或规划项目实施后，导致已查明的矿产资源不能开发利用。通俗而言，就是指矿产被建设项目压住了，因而不能开采。

土地利用基本常识告诉我们，有些土地利用方式逆转难度较大，例如在重要矿产分布区一旦建成城镇或工业园区，以后再将城镇或工业园区用地转变为采矿用地，需要将城镇和工业园区设施拆除，其难度十分巨大，成本也很高。因此，在进行建设用地适宜性评价时，需要将压覆矿产资源作为一个特殊因子加以考虑。

矿产资源属于国家所有，其所有权包括矿产资源的占有、使用、收益和处分的权能。建设项目压覆矿产资源，实质上也就是对矿产资源的处置，因而必须得到《中华人民共和国矿产资源法》授权部门（地质矿产主管部门）许可。1997 年 1 月 1 日起施行的《中华人民共和国矿产资源法》第三十三条规定:"在建设铁路、工厂、水库、输油管道、输电线路和各种大型建筑物或者建筑群之前,建设单位必须向所在省、自治区、直辖市地质矿产主管部门了解拟建工程所在地区的矿产资源分布和开采情况。非经国务院授权部门批准,不得压覆重要矿床"[41]。对建设项目压覆矿产资源审批管理,这是法定职责。为此,2000 年 12 月 18 日国土资源部根据《中华人民共和国矿产资源法》发布了《关于规范建设项目压覆矿产资源审批工作的通知》,规定了压覆矿产资源的管理权限和基本程序,用以指导全国压覆矿产资源审批工作[42]。经过实践、探索和总结,2010 年 9 月 8 日国土资源部又发布了《国土资源部关于进一步做好建设项目压覆重要矿产资源审批管理工作的通知》(国土资发〔2010〕137 号),进一步明确管理范围、管理分工和报批要求[43]。

就管理范围而言,所谓重要矿产资源,按该文件规定是指"《矿产资源开采登记管理办法》附录所列 34 个矿种和省级国土资源行政主管部门确定的本行政区优势矿产、紧缺矿产"。还规定,"炼焦用煤、富铁矿、铬铁矿、富铜矿、钨、锡、锑、稀土、钼、铌钽、钾盐、金刚石矿产资源储量规模在中型以上的矿区原则上不得压覆,但国务院批准或国务院组成部门按照国家产业政策批准的国家重大建设项目除外"。《矿产资源开采登记管理办法》附录所列 34 个矿种具体是:煤,石油,油页岩,烃类天然气,二氧化碳气,煤成(层)气,地热,放射性矿产,金,银,铂,锰,铬,钴,铁,铜,铅,锌,铝,镍,钨,锡,锑,钼,稀土,磷,钾,硫,锶,金刚石,铌,钽,石棉,矿泉水[44]。

从管理分工来看,该文件规定,建设项目压覆重要矿产资源由省级以上国土资源行政主管部门审批。压覆石油、天然气、放射性矿产,或压覆《矿产资源开采登记管理办法》附录所列矿种(石油、天然气、放射性矿产除外)累计查明资源储量数量达大型矿区规模以上的,或矿区查明资源储量规模达到大型并且压覆占 1/3 以上的,由国土资源部负责审批。

云南是矿产资源较为丰富的地区,素有"有色金属王国"之誉。云南成矿条件优越,矿产资源极为丰富,尤以有色金属及磷矿著称,是得天独厚的矿产资源宝地。云南矿种较全,已发现的矿产有 143 种,已探明储量的有 86 种,有 61 个矿种的保有储量居全国前 10 位,其中,铅、锌、锡、磷、铜、银等 25 种矿产含量分别居全国前 3 位。为合理开发利用丰富的矿产资源,在"城镇上山"战略实施中,需要认真考虑重要矿产压覆因素,切实避让重要矿产压覆区块。也就是说,在进行山区城镇建设用地适宜性评价时,宜遵守这样一个原则:凡重要矿产压覆区块,均归入"不宜建设土地"范畴。正如云南省国土资源厅 2012 年 12 月制定的《云南省县级低丘缓坡土地综合开发利用专项规划编制技术指南(试行)》规定,凡出现压覆重要矿产资源、矿业权、采矿权等,确定为不适宜建设区域。

五、基本农田保护因子分析

根据国务院 1998 年 12 月修订的《基本农田保护条例》[45],基本农田是指按照一定时期人口和社会经济发展对农产品的需求,依据土地利用总体规划确定的不得占用的耕地;而基本农田保护区,是指为对基本农田实行特殊保护而依据土地利用总体规划和依照法定程序确定的特定保护区域。该条例规定,基本农田保护区经依法划定后,任何单位和个人不得改变或者占用;国家能源、交通、水利、军事设施等重点建设项目选址确实无法避开基本农田保护区,需要占用基本农田,涉及农用地转用或者征用土地的,必须经国务院批准。因此,现行的各级土地利用总体规划中已划定的基本农田保护区不能作为"宜建土地后备资源"的范畴。按《全国土地利用总体规划纲要(2006—2020年)》[46]对云南基本农田保护指标的要求,云南已划定基本农田保护区 495.40 万 hm^2,这是必须达到的约束性指标。因此,云南在实施"城镇上山"战略中,宜建缓坡地的选择应当避开已划定的 495.40

万 hm^2 基本农田。

六、生态环境安全因子分析

生态环境安全是国家安全体系中的一个重要部分，尤其对于山区而言，维护"先天"脆弱的生态环境尤显重要。在城市规划布局中，生态敏感性分析被列为重要依据之一[47]。按照《县级土地利用总体规划编制规程》（以下简称《规程》）（TD/T 1024—2010）[48]的规定，土地利用总体规划中确定的生态环境安全控制区属于"禁止建设区"。生态环境安全控制区具体包括：①主要河湖及其蓄滞洪区；②滨海防患区；③重要水源保护区；④其他为维护生态环境安全需要进行特殊控制的区域。《规程》中的"生态环境安全控制区"原本还包括"地质灾害高危险地区"，但考虑到云南地质灾害较为突出，对山区各类建设威胁较大，因而前面已单独将地质灾害作为独立的特殊因子来分析。现行各级土地利用总体规划中已明确划定了生态环境安全控制区，例如，作者承担编制的《德宏州土地利用总体规划（2006—2020 年）》，在德宏州共划定生态环境安全控制区 2468.42hm^2，其中芒市 410.04hm^2，瑞丽市 364.31hm^2，梁河县 402.37hm^2，盈江县 956.76hm^2，陇川县 334.94hm^2。这些生态环境安全控制区需要排除在宜建缓坡地之外。

七、自然与文化遗产保护因子分析

加强自然与文化遗产保护是中国的重要国策。按照《县级土地利用总体规划编制规程》（TD/T 1024—2010）[48]的规定，土地利用总体规划中确定的自然与文化遗产保护区亦属于"禁止建设区"。自然与文化遗产保护区具体包括：①典型的自然地理区域、有代表性的自然生态系统区域以及已经遭受破坏但经保护能够恢复的自然生态系统区域；②珍稀、濒危野生动植物物种的天然集中分布区域；③具有特殊保护价值的海域、海岸、岛屿、湿地、内陆水域、森林、草原和荒漠；④具有重大科学文化价值的地质构造、著名溶洞、化石分布区及冰川、火山温泉等自然遗迹；⑤需要予以特殊保护的其他自然和人文景观、遗迹等保护区域。在具体划定时，主要包括自然保护区核心区、森林公园、地质公园、列入省级以上保护名录的野生动植物自然栖息地等。云南素有"植物王国"、"动物王国"等诸多美誉，自然与文化遗产保护保护任务繁重。从自然保护区来看，据 2014 年 2 月云南省环保厅自然处公布的《云南省 2013 年自然保护区名录》，全省共有 162 个自然保护区，其中国家级自然保护区 21 个，省级自然保护区 38 个，地市级自然保护区 57 个，县（区）级自然保护区 46 个。这 162 个自然保护区面积合计 2 813 822.133hm^2，其中国家级自然保护区面积合计 1 498 647.153hm^2，占 53.26%；省级自然保护区面积合计 679 937.18hm^2，占 24.16%；地市级自然保护区面积合计 436 041.78hm^2，占 15.50%；县（区）级自然保护区面积合计 199 196.02hm^2，占 7.08%。截至 2013 年 6 月，云南共有 5 项世界遗产，即世界文化遗产丽江古城、世界自然遗产三江并流保护区、世界自然遗产澄江动物化石群、世界自然遗产石林和世界文化遗产红河哈尼族梯田文化景观。截至 2012 年年底，云南共有 27 个国家森林公园和 8 个国家地质公园（其中石林地质公园于 2004 年入列世界地质公园）。云南还建了国际重要湿地 4 个（大山包湿地、拉市海湿地、碧塔海湿地和纳帕海湿地）、国家湿地公园 4 个（红河哈尼族梯田湿地公园、丘北普者黑湿地公园、普洱五湖湿地公园和洱源西湖湿地公园）。按照规定，上述自然保护区核心区、森林公园、地质公园以及列入省级以上保护名录的野生动植物自然栖息地等在云南县乡两级土地利用总体规划中均已划为"自然与文化遗产保护区"，并列入"禁止建设区"之中。

八、基于 7 个特殊因子的"山区宜建地"概念

基于上述 7 个特殊因子的分析，这里可以总结和提炼出山区建设用地适宜土地（简称"山区宜建地"）的概念，指坡度在 8°～25°，并位于地质灾害高危险区、地震断裂带 500m 范围区、重要矿产压覆区、基本农田保护区、生态环境安全控制区和自然与文化遗产保护区之外的缓坡地。

这一概念明确地界定了山区宜建地的范围，可为云南以及其他类似地区开展山区城镇建设用地适宜性评价、推进山地城镇建设提供基础支撑。

九、其他影响因子分析

除了上述 7 个特殊因子外，还有其他一些因子也对山区建设用地适宜性有着一定程度影响，如岩性、土质、水文条件与地基承载力、地面工程量与建设成本、气候条件、供水与排水等条件、交通条件、生态影响度等，这些因子主要影响山区建设用地适宜程度等级的高低，可以视为影响城镇等建设的基本因子，属于弹性因子。

在山地区域，地层岩性对边坡稳定性影响较大。山区岩石种类按其成因及性质可分为沉积岩、变质岩等，每种岩石的岩性不同，对开发建设的密度和经济性产生重要影响。通常，岩性、土质和水文条件共同决定了地基承载能力的高低，尤其地表岩土组成对地基承载力的影响很大。地基承载力（subgrade bearing capacity）是指单位面积的承担荷载的能力，单位通常为 t/m^2。由于山地区域地质地貌的复杂性，岩土组成结构条件变异性极大，地基承载力在空间位置上亦有很大差异。建设用地对地基承载力的具体要求要根据建筑类别来确定。地基承载力对建筑物的稳定，工程建设难易程度和工程造价的高低有很大影响（表 3-6）。

表 3-6　地表岩土组成与地基承载力[49]

岩土类别	地基承载力/（t/m^2）
碎石（中密）	40～70
角砾（中密）	30～50
黏土（固态）	25～50
粗砂、中砂（中密）	24～34
细砂（稍湿）（中密）	16～22
细砂（很湿）（中密）	12～16
大孔土	15～25
淤泥	4～10
泥炭	1～5

地面工程量的大小直接决定着建设成本的高低，而地面工程量是由地形条件包括地形坡度、地形起伏度及地表破碎程度所决定的。通常，地形坡度、起伏度、地表破碎度大的山地，其地面工程量必然较大，相应地建设成本就高，因而宜建程度就低。

此外，就城镇建设用地而言，除了上述土地的工程性质之外，还应包括土地为城镇提供的生态条件，如通风、照度等气候条件，给排水等条件，进行绿化的生境条件等。陈传康[50]等曾对此作过研究。

第三节　山区建设用地适宜性评价指标体系构建

在分析影响和制约山区建设用地适宜性各种因素的基础上，可以因地制宜地建立山区建设用地适宜性参评因子体系，进而通过深入分析与划分适宜性等级相对应的参评因子分级指标系统，从而建立起科学、实用的山区建设用地适宜性评价指标体系，为合理开展评价工作奠定坚实基础。

一、山区建设用地适宜性参评因子体系

在影响山区城镇建设用地适宜性的因子中，有些因子是刚性的（属于特殊因子），有些因子则可视为影响城市建设的一般因子（弹性因子）。也有些因子属于双重因子，如坡度，一般大于 25°时，列入"一票否决"式的刚性因子，归为"不适宜"类；而小于 25°时，可以作为适宜性评价的一般参评因子，结合其他因子进行综合评价。因此，在山区城镇建设用地适宜性评价中，需要因地制宜地构建特殊因子指标和一般因子指标相结合的指标体系，并对特殊因子采用极限条件法（一票否决法）直接判定评价单元适宜与否，保证评价结果的准确性。

按山区城镇自身特点，并考虑资料可获得性和指标可量化性，结合上述山区城镇建设用地适宜性评价的原则，本书将评价因子分出特殊因子和一般因子 2 类，以此构建山区建设用地适宜性评价的参评因子体系。

本书的参评因子体系共包括 12 个因子，即：①地形坡度；②岩性、土质、水文条件与地基承载力；③地质灾害及其威胁程度；④距地震断裂带距离；⑤地面工程量与建设成本；⑥矿产压覆状况；⑦供水、排水等条件；⑧绿化的生境条件；⑨交通条件；⑩基本农田保护区分布状况；⑪生态环境安全程度；⑫自然与文化遗产保护区分布状况。

这 12 个因子分别归于特殊因子和一般因子 2 类之中，其中，特殊因子包括 7 个，即地形坡度，地质灾害及其威胁程度，距地震断裂带距离，矿产压覆状况，基本农田保护区分布状况，生态环境安全程度和自然与文化遗产保护区分布状况；一般因子包括 5 个，即岩性、土质、水文条件与地基承载力，地面工程量与建设成本，供水、排水等条件，绿化的生境条件和交通条件（表 3-7）。

表 3-7　山区建设用地适宜性参评因子体系

参评因子类别	参评因子名称	因子性质
1. 特殊因子	1.1 地形坡度	刚性/弹性
	1.2 地质灾害及其威胁程度	刚性/弹性
	1.3 距地震断裂带距离	刚性/弹性
	1.4 矿产压覆状况	刚性/弹性
	1.5 基本农田保护区分布状况	刚性
	1.6 生态环境安全程度	刚性/弹性
	1.7 自然与文化遗产保护区分布状况	刚性
2. 基本因子	2.1 岩性、土质、水文条件与地基承载力	弹性
	2.2 地面工程量与建设成本	弹性
	2.3 供水、排水等条件	弹性
	2.4 绿化的生境条件	弹性
	2.5 交通条件	弹性

另需指出的是，上述 7 个特殊因子中，还有 5 个因子（即地形坡度、地质灾害及其威胁程度、距地震断裂带距离、矿产压覆状况和生态环境安全程度）同时也是基本因子，即这 5 个因子属于双重性质的因子，既是特殊因子，也是基本因子，也就是说，这 5 个因子既参与"极限条件法"决定山区建设用地适宜性——"宜建"和"不宜建"（或禁建），同时还与上述 5 个基本因子一起综合分析和考量，共同决定适宜等级（高度适宜、中度适宜和低度适宜）。另 2 个特殊因子——基本农田保护区分布状况和自然与文化遗产保护区分布状况只作为特殊因子，不参与宜建地之内的适宜等级评定。

二、山区建设用地适宜性参评因子的分级指标体系

进行土地适宜性评价，需要对各个参评因子进行分级，以便相应地评定土地适宜性程度等级。开展山区建设用地适宜性评价亦如此，对各参评因子进行分级是其重要基础工作之一。

各个参评因子的分级是一项复杂的工作，需要基于各个因子对山区建设用地适宜性影响作用的透彻了解和把握，按照适宜性评价的要求，进行合理、可行的分级，包括确定分级体系和分级指标。鉴于地形坡度因子在山区建设用地适宜性评价中的重要性，这里着重讨论地形坡度因子分级，并适当阐明其他因子的分级问题。

（一）地形坡度因子分级

从地形坡度因子来看，由于各地的地质、地貌等自然条件和社会经济状况明显不同，有关研究者提出的山区建设用地适宜性评价中的地形坡度因子分级体系和分级标准差异较大。这里，在参考国内已有建设用地适宜性评价中的地形坡度因子分级情况以及中国低丘缓坡土地开发利用中"缓"的含义和标准探析基础上，提出适于云南及类似山区城镇建设用地适宜性评价中的地形坡度因子分级。

1. 国内已有建设用地适宜性评价中的地形坡度因子分级情况

国外在山地城市研究上，着重开展山地城市环境领域的研究，对山地建设用地选定参评因子进行适宜性评价则较为少见。从中国来看，这方面的研究成果较多，但不同研究者确定的地形坡度因子分级情况很不相同。

郭欣欣[51]进行南京市浦口区建设用地适宜性评价时，将地面坡度分为4个级别：小于10%，10%～20%，20%～30%，大于30%，与此 4 级相对应的建设用地适宜性等级分别为"适宜"、"较适宜"、"适宜性差"、"不适宜"。

宗跃光等[52]、王海鹰等[53]、Fan 等[54]、仲照东和任子炎[55]在进行城市建设用地适宜性评价时，均将坡度分为 4 级——0°～7°、7°～15°、15°～25°、大于 25°，只是赋予的评价分值有所不同：宗跃光等[52]赋予这 4 级相应的分值分别为 1、3、5、9，并规定其相应的生态敏感性等级分别为"非敏感性"、"低敏感性"、"中敏感性"、"极高敏感性"；王海鹰等[53]和仲照东等[55]赋予这 4 级相应的评价分值分别为 5、4、3、1；Fan 等[54]赋予这 4 级相应的开发建设阻力程度为：无阻力（no resistance），小阻力（little resistance），阻力（resistance），严重阻力（absolute resistance）。

展安等[56]进行福建省长汀县中心城区建设适宜性评价时，将地形坡度分为 5 级：0°～8°，8°～15°，15°～25°，25°～35°，大于 35°，这 5 级相应的建设潜力等级分别为"极高潜力"、"高潜力"、"中潜力"、"低潜力"、"无潜力"。

于娟和张丽萍[57]进行山地型城市用地适宜性评价时，将坡度分为 5 级：小于 7°，7°～15°，15°～

20°，20°～25°，大于25°，并赋予这5级相应的评价分值分别为10、9、7、5、2。

麻永建和夏保林[58]在南阳市西峡县进行城市建设用地生态适宜性评价时，将坡度分为4级：0°～5°，5°～15°，15°～25°，大于25°，赋予这4级相应的分值分别为1、3、7、9，并规定其相应的生态敏感性等级分别为"非敏感性"、"低敏感性"、"中敏感性"、"极高敏感性"。

南晓娜等[59]在陕西省岚皋县进行山地城市用地适宜性评价时，将地形坡度分为4级：大于35%，25%～30%，10%～25%，小于10%，这4级相应的评价分值分别为1、3、6、10。

张东明和吕翠华[60]进行城市建设用地适宜性评价研究时，将坡度分为4级：小于8°，8°～15°，15°～25°，大于25°，并赋予这4级相应的评价分值分别为5、4、2、1。

郭富赟等[61]进行兰州市城市建设用地适宜性评价时，将地形坡度分为5级：0°～5°，5°～15°，15°～25°，25°～45°，大于45°，这5级相应的城市建设适宜性等级分别为"适宜"、"较适宜"、"基本适宜"、"较不适宜"、"不适宜"。

Xu等[62]在进行基于地理环境因子的杭州城市建设用地生态适宜性评价时，将坡度分为5级：<2°，2°～5°，5°～15°，15°～25°，>25°，并赋予这5级相应的评价分值分别为9、7、5、3、1。

周潮和南晓娜[63]在陕西省岚皋县中心城区进行基于GIS的山地城市建设用地适宜性评价时，将地面坡度分为4级：大于35%，25%～30%，10%～25%，小于10%，这4级相应的对城市建设影响程度分别为"严重影响"、"较大影响"、"一般影响"、"无影响"。

瞿晓雯和李献忠[64]在重庆市綦江县进行山地城市建设用地适宜性评价时，将地面坡度分为5个级别：小于5%（一级），5%～10%（二级），10%～15%（三级），15%～25%（四级），大于25%（五级）。其中一、二级为"适建区"，三、四级为"限建区"，五级为"禁建区"。

彭涛[65]在进行重庆市秀山县城拓展区生态适宜性评价时，将坡度分为4个级别：0°～5°，5°～10°，10°～15°，大于15°，这4级相应的适宜性综合得分值分别为9、6、3、1。

高洁纯和张军[66]在进行江西省宜丰县低丘缓坡地宜建性评价时，将坡度划分为0°～2°、2°～6°、6°～15°、15°～25°，并分别赋予分值为1.0、0.8、0.6、0.4。

孙斌[67]进行山地村镇建设地质地貌适宜性评价时，将地形坡度的适宜性等级分为4级：坡度0～5%（0～2.86°）为"高度适宜"，5%～15%（2.86°～8.53°）为"中度适宜"，5%～55%（2.86°～28.80°）为"适宜性差"，大于55%（大于28.8°）为"适宜性极差"。这一分级与黄光宇[68]提出的坡度对城市建设用地的影响程度分级相一致。

周志宇等[69]进行黑龙江省鸡西市主城区城市用地适宜性评价时，将地面坡度分为3个级别：小于15%为"适宜"，15%～25%为"不适宜"，大于25%为"极不适宜"。

尹海伟等[70]在进行基于潜力-约束模型的冀中南区域建设用地适宜性评价时，将坡度分为5级：0°～5°，5°～10°，10°～15°，15°～25°，大于25°，并赋予这5级相应的分值分别为1、3、5、7、9。

尹海伟等[71]在进行基于层次分析和移动窗口方法的济南市建设用地适宜性评价时，将坡度分为5级：0°～2°，2°～6°，6°～15°，15°～25°，大于25°（即与全国土地调查中的耕地坡度分级一致），并赋予这5级相应的评价分值分别为5、4、3、2、1。

苏珊[72]在进行海口市建设用地生态适宜性评价时，将坡度分为5级：0°～5°，5°～10°，10°～15°，15°～20°，大于20°，并赋予这5级相应的分值分别为5、4、3、2、1。

周豹等[40]在进行低丘缓坡建设用地适宜性评价时，将坡度分为5级：≤8°，8°～15°，15°～20°，20°～25°，≥25°，并赋予这5级相应的分值分别为100分、80分、60分、20分、0分。

党丽娟等[73]在分析广西西江沿岸后备适宜建设用地潜力时，将坡度分为4级：小于3°，3°～8°，8°～15°，大于15°，赋予这4级相应的建设适宜性等级分别为"适宜"、"较适宜"、"条件适宜"、

"不适宜"。

可见，目前中国不同研究者在不同地区确定的地形坡度因子分级体系和分级指标很不一致，甚至差异较大。显然，由于各地的自然条件等情况相差悬殊，未来一定时期内难以形成全国统一的地形坡度因子分级体系和分级指标，尽管如此，已有的坡度因子分级研究可供各地参考和借鉴。

2. 云南山区城镇建设用地适宜性评价中的坡度因子分级体系

根据参考和借鉴，结合云南实际，在云南山区城镇建设用地适宜性评价中，首先可以将坡度因子分为 3 个级别：小于 8°，8°～25°，大于 25°，此三者分别对应着云南的坝区、缓坡和陡坡 3 种地表坡度类型。

（1）小于 8°（坝区）。尽管前面已提及，参照中国土地调查中的坡度分级体系，"缓坡"中"缓"的下限坡度值以 6° 为宜，但在云南，长期以来划分坝区与山区的坡度界线一直为 8°[21, 22, 36]，凡 8° 以下、连片面积 1km² 以上的区域均划为坝区（平地区）[22]。因此，云南省"缓坡"中"缓"的下限坡度值宜为 8°。事实上，为了推进低丘缓坡土地开发、实施"城镇上山"战略、保护坝区优质耕地资源，2007～2009 年开展的云南省第二次全国土地调查专门部署了各县（市、区）坝区土地资源和土地利用调查项目，于 2012 年 3 月完成了全省 129 个县（市、区）1699 个连片面积 1km² 以上坝子的土地调查与核定任务，获得了宝贵的云南省坝区土地利用数据，并应用于全省各地建设用地"上山"型土地利用总体规划修编中。显然，如果仅从城镇建设适宜性的角度来看，小于 8° 的坝区无疑是最适宜的。

（2）大于 25°（陡坡）。25° 是中国《水土保持法》规定的禁止开垦坡度上限[17]。对于建设山地城镇来说，当坡面达到 25° 时，各类建筑的不稳定性很大，加之陡坡地开发和建设极易诱发滑坡、泥石流等地质灾害，危及城镇和人民生命财产安全，因此，通常情况下，大于 25° 的陡坡地宜归为"禁建区"或者"不宜建土地"。

（3）8°～25°（缓坡）。以上表明，将云南低丘缓坡土地开发利用的坡度范围（即实施"城镇上山"战略的坡度范围）确定在 8°～25°，是符合云南实际情况的，这也将更好地保护坝区有限的优质耕地。

参考中国耕地坡度分级指标[18, 19]以及国内类似山区城镇建设用地适宜性评价中的坡度因子分级情况，在 8°～25°（缓坡）内进一步分出 2 个级别——8°～15° 和 15°～25°，以便具体地划分适宜性程度等级。

于是，云南山区城镇建设用地适宜性评价中的坡度因子共计可分为 4 级，即小于 8°、8°～15°、15°～25°、大于 25°，与此相应的建设用地适宜性程度等级分别为高度适宜（可称为一等宜建地）、中度适宜（可称为二等宜建地）、低度适宜（可称为三等宜建地）、不适宜（即不宜建土地）（表3-8）。

表 3-8　云南山区城镇建设用地适宜性评价中的坡度因子分级体系与指标

建设用地适宜级	高度适宜（一等宜建地）	中度适宜（二等宜建地）	低度适宜（三等宜建地）	不适宜（不宜建土地）
坡度分级体系	I	II	III	IV
坡度范围	小于 8°	8°～15°	15°～25°	大于 25°

（二）其他因子分级

在其他 11 个因子中，"基本农田保护区分布状况"和"自然与文化遗产保护区分布状况"2 个因子只作为特殊因子，参与决定"适宜"与"不适宜"，即凡是位于土地利用总体规划中已划定的基本农田保护区、自然与文化遗产保护区内的土地，一律按"极限条件法"（"一票否决法"），视为"不宜建"，而不参与适宜性等级的划分，因此，这 2 个因子不涉及"分级"问题。其余 9 个因子均需要进行分级。

1. 地质灾害及其威胁程度

地质灾害及其威胁程度对于山区城镇等建设影响很大，从其"分级"来看，由于地质灾害问题的区域差异性和极其复杂性，参考相关评价研究成果，目前还难以定量地进行分级，通常按照评价研究者的了解和把握，根据区域地质灾害的类型、易发性、危害程度等进行定性的分级，且分级体系通常与适宜性等级划分体系相对应。如 Zhang 等[74]将"地质灾害单一、无危害"和"非易发区"赋分为 80~100，对应着"一等适宜"；将"地质灾害类型相对较少，危害较少"和"低易发区"赋分为 60~80，对应着"二等适宜"；将"地质灾害类型比较复杂，危害比较严重"和"中易发区"赋分为 40~60，对应着"三等适宜"；而将"地质灾害类型复杂多样,危害严重"和"高易发区"赋分为小于 40，对应着"不适宜"。

在参考已有的地质灾害因子分级基础上，结合云南实际，这里亦将地质灾害因子分为 4 级：位于地质灾害非易发区、无地质灾害隐患点、未受地质灾害威胁，确定为第 1 级（对应着"高度适宜"级）；位于地质灾害低易发区、基本无地质灾害隐患点、受地质灾害威胁程度较低（或即使有局部小型灾害隐患，也易于防治，对建设不构成影响），确定为第 2 级（对应着"中度适宜"级）；位于地质灾害中易发区、局部存在小型地质灾害隐患点、有一定程度地质灾害威胁（但采取一定防治措施后，对建设基本不构成影响），确定为第 3 级（对应着"低度适宜"级）；位于地质灾害点及隐患点、高易发区（或高危险区）、地质灾害威胁较大、防治难度较大，确定为第 4 级（对应着"不适宜"级）。

2. 距地震断裂带距离

这一因子非常敏感，需要慎重考虑。目前不同的文献有着不同的分级体系。周豹等[40]在进行宾川县低丘缓坡建设用地适宜性评价时，将"距地震断裂带距离"分为 5 级：超过 2000m、1000~2000m、501~1000m、201~500m、不足 200m，并分别赋分为 100 分、80 分、60 分、20 分、0 分；从其适宜等级划分的分值区间来看，"一等适宜"为 90~100，"二等适宜"为 70~90，"三等适宜"为 50~70，"不适宜"为 0~50。Zhang 等[74]则划分为 4 级：超过 3000m、3000~2000m、2000~1000m、1000~500m，并分别赋分为 80~100、60~80、40~60、0~40。

本书参考周豹等[40]的分级方案，结合我们在德宏州的评价实践，将"距地震断裂带距离"分为 4 级，即超过 2000m、1000~2000m、500~1000m、不足 500m，其对应的适宜等级分别为"高度适宜"、"中度适宜"、"低度适宜"和"不适宜"。

3. 矿产压覆状况

准确分析和确定土地 "矿产压覆状况"（程度等级）是很难的工作，目前还未见到相关文献对这一因子进行分级。本书同样按照定性分析方法，根据《国土资源部关于进一步做好建设项目压覆重要矿产资源审批管理工作的通知》（国土资发〔2010〕137 号）、《矿产资源开采登记管理办法》等国家相关规定，大致将"矿产压覆状况" 分为 4 级，即无矿产压覆、基本无矿产压覆、局部存在次要矿产压覆、存在重要矿产压覆，其对应的适宜等级分别为"高度适宜"、"中度适宜"、"低度适宜"和"不适宜"。

4. 生态环境安全程度

生态环境安全程度也是一个很复杂的参评因子，涉及对山区生态敏感性程度的分析、开发建设的生态后果预测等诸多方面，目前同样还没有见到相关文献对这一因子进行分级。鉴于作者这些年在云南省内土地利用与水土流失、生态环境安全等领域的考察和研究，结合在德宏州开展的山区建设用地适宜性评价工作的认识和体会，采用定性分析法，将"生态环境安全程度" 分为 4 级。

（1）第 1 级：生态敏感性程度很低，不会对生态环境造成影响或破坏。其对应适宜等级为"高度适宜"。

（2）第 2 级：生态敏感性程度较低，可能会对生态环境造成一定的影响，但通过采取预防措施可以避免对生态环境的破坏。其对应适宜等级为"中度适宜"。

（3）第 3 级：生态敏感性程度偏高，会对生态环境造成影响和破坏，需采取相应预防措施才能降低生态影响度，避免对生态环境的破坏。其对应适宜等级为"低度适宜"。

（4）第 4 级：位于土地利用总体规划中确定的生态环境安全控制区。其对应适宜等级为"不适宜"。

5. 岩性、土质、水文条件与地基承载力

岩性、土质和水文条件对城镇等建设有着较大影响，这三者直接决定着地基承载力的高低，进而影响到建设用地适宜性程度的高低。从岩土因子来看，一般而言，坚硬岩土的地基承载力高，而软土的地基承载力必然较低。从目前已有的评价实践来看，这一因子亦难以准确地进行定量分级。Zhang 等[74]采用定量的建筑工程地基承载力特征值作为指标将地基承载力分为 4 级：超过 250kPa、250～180 kPa、180～100kPa、不足 100kPa，分别对应着 4 个适宜等级："高度适宜"、"中度适宜"、"低度适宜"和"不适宜"。鉴于不同的建筑工程和建筑物所要求的地基承载力大小明显有别，在山区建设用地适宜性评价中，目前还是以定性分析法较为妥当。本书根据适宜性评价工作的需要，仍将"岩性、土质、水文条件与地基承载力"这一因子分为 4 个等级。

（1）第 1 级：岩层坚硬度高，地表主要为基岩、杂石，地下水位低，地基承载力高。其对应的适宜等级为"高度适宜"。

（2）第 2 级：岩层坚硬度较高，地表沉积物主要为黏土，地下水位较低，地基承载力中等。其对应的适宜等级为"中度适宜"。

（3）第 3 级：岩层坚硬度较低，地表沉积物主要为中砂、粗砂，地下水位偏高，地基承载力偏低。其对应的适宜等级为"低度适宜"。

（4）第 4 级：岩层松散，地表沉积物主要为细沙，地下水位高，地基承载力低。其对应的适宜等级为"不适宜"。

6. 地面工程量与建设成本

地面工程量的大小决定着建设成本高低，因而也是影响建设用地适宜性程度的重要指标之一。地面工程量的大小取决于地形条件，具体包括地形坡度、地形起伏度和地表破碎程度 3 个方面。各地山区的具体自然条件千差万别，目前实际上还难以准确地用一种定量的模型计算方法来确定地面

工程量的测算与分级问题，因此，本书依然采用定性分析法来对这一因子进行分级。参照我们在德宏州的评价实践，将"地面工程量与建设成本"这一因子分为以下 4 级。

（1）第 1 级：地形较平坦，起伏度低，地表破碎程度很低，建设的地面工程量较小，建设成本低。其对应适宜等级为"高度适宜"。

（2）第 2 级：地形较平缓，起伏度不大，地表破碎程度较低，建设的地面工程量不大，建设成本中等。其对应适宜等级为"中度适宜"。

（3）第 3 级：地形坡度偏大，起伏度偏大，地表破碎程度偏高，建设的地面工程量较大，建设成本较高。其对应适宜等级为"低度适宜"。

（4）第 4 级：地形较陡，起伏度大，地表破碎程度高，建设的地面工程量很大，建设成本高。其对应适宜等级为"不适宜"。

7. 供水、排水等条件

对于城镇建设来说，水文地质条件也是较为重要的影响因子，它决定着城镇的供水、排水等条件。目前，这一因子的分级难以定量化，本书参照我们在德宏州的评价实践，将"供水、排水等条件"分为以下 4 级。

（1）第 1 级：有良好的水源保证，供水和排水等水文地质条件较优。其对应适宜等级为"高度适宜"。

（2）第 2 级：有较好的水源保证，供水和排水等水文地质条件中等。其对应适宜等级为"中度适宜"。

（3）第 3 级：有一定的水源保证，供水和排水等水文地质条件偏差。其对应适宜等级为"低度适宜"。

（4）第 4 级：水源保证度较低，供水和排水等水文地质条件较差。其对应适宜等级为"不适宜"。

8. 绿化的生境条件

气候、土壤等基本生境条件对于城镇建设来说，主要是影响城镇绿化，涉及城镇环境质量问题。作为弹性指标，本书按照定性分析法，大致将"绿化的生境条件"分为 4 级，即"优越"、"较好"、"一般"、"较差"，相对应的适宜性等级分别为"高度适宜"、"中度适宜"、"低度适宜"和"不适宜"。

9. 交通条件

交通条件的优劣也是影响山区城镇建设的基本因子之一。在一些文献中，"交通条件"指标主要是交通可达性，指距离县（市、区）内主要交通干线的距离。Zhang 等[74]采用距离县（市）内主要交通干线的距离作为指标将"交通可达性"分为 4 级：不足 1000m、1000～2000m、2000～3000m、超过 3000m，分别对应着 4 个适宜等级："高度适宜"、"中度适宜"、"低度适宜"和"不适宜"。考虑交通建设作为基础设施建设，往往随着城镇建设、工业发展而快速推进，本书难以准确地使用定量距离指标进行合理的分级。稳妥起见，目前暂时仍用定性分析法来进行分级。同样大致将"交通条件"分为 4 级，即"便利"、"较便利"、"一般"、"较差"，相对应适宜性等级分别为"高度适宜"、"中度适宜"、"低度适宜"和"不适宜"。

三、山区建设用地适宜性评价指标体系

本书已对确定的各个参评因子均进行合理的分级，且按照适宜性评价的等级划分需要，对每个指标均分为四级，分别对应着高度适宜（一等宜建地）、中等适宜（二等宜建地）、低度适宜（三等宜建地）和不适宜 4 个适宜性等级，从而构成了完整的山区建设用地适宜性评价指标体系（表 3-9）。这是具体开展山区建设用地适宜性评价的基础和关键。

表 3-9　山区建设用地适宜性评价参评因子及其分级指标

参评因子	城镇建设用地适宜性分级指标				因子性质
	高度适宜（一等宜建地）	中度适宜（二等宜建地）	低度适宜（三等宜建地）	不适宜（不宜建土地）	
地形坡度	小于8°	8°~15°	15°~25°	超过25°	刚性/弹性
地质灾害及其威胁程度	位于地质灾害非易发区，无地质灾害隐患点，未受地质灾害威胁	位于地质灾害低易发区，基本无地质灾害隐患点，受地质灾害威胁程度较低。即使有局部小型灾害隐患，也易于防治，对建设不构成影响	位于地质灾害中易发区，局部存在小型地质灾害隐患点，有一定程度的地质灾害威胁，但采取一定防治措施后，对建设基本不构成影响	位于地质灾害点及隐患点、高易发区（或高危险区），地质灾害威胁较大，防治难度较大	刚性/弹性
距地震断裂带距离	超过2000m	1000~2000m	500~1000m	不足500m	刚性/弹性
矿产压覆状况	无矿产压覆	基本无矿产压覆	局部存在次要矿产压覆	存在重要矿产压覆	刚性/弹性
基本农田保护区分布状况	位于非基本农田保护区内			位于土地利用总体规划中已划定的基本农田保护区内	刚性
生态环境安全程度	生态敏感性程度很低，不会对生态环境造成影响或破坏	生态敏感性程度较低，可能会对生态环境造成一定的影响，但通过采取预防措施可以避免对生态环境的破坏	生态敏感性程度偏高，会对生态环境造成影响和破坏，需采取相应预防措施才能降低生态影响度，避免对生态环境的破坏	位于土地利用总体规划中确定的生态环境安全控制区内	刚性/弹性
自然与文化遗产保护区分布状况	位于非自然与文化遗产保护区内			位于土地利用总体规划中确定的自然与文化遗产保护区	刚性
岩性、土质、水文条件与地基承载力	岩层坚硬度高，地表主要为基岩、杂石，地下水位低，地基承载力高	岩层坚硬度较高，地表沉积物主要为黏土，地下水位较低，地基承载力中等	岩层坚硬度较低，地表沉积物主要为中砂、粗砂，地下水位偏高，地基承载力偏低	岩层松散，地表沉积物主要为细沙，地下水位高，地基承载力低	弹性
地面工程量与建设成本	地形较平坦，起伏度低，地表破碎程度很低，建设的地面工程量较小，建设成本低	地形较平缓，起伏度不大，地表破碎程度较低，建设的地面工程量不大，建设成本中等	地形坡度偏大，起伏度偏大，地表破碎程度偏高，建设的地面工程量较大，建设成本较高	地形较陡，起伏度大，地表破碎程度高，建设的地面工程量很大，建设成本高	弹性
供水、排水等条件	有良好的水源保证，供水和排水等水文地质条件较优	有较好的水源保证，供水和排水等水文地质条件中等	有一定的水源保证，供水和排水等水文地质条件偏差	水源保证度较低，供水和排水等水文地质条件较差	弹性
绿化的生境条件	优越	较好	一般	较差	弹性
交通条件	便利	较便利	一般	较差	弹性

参 考 文 献

[1]陈文雅，邬琼. 供地指标告急 国土部"上山"开路. 经济观察报，2011-10-17(39).

[2]尹朝平，谭晶纯. 用地"上山"破解"两难"——云南创新探索土地保护与发展共赢之路. 云南日报，2012-09-11(4).

[3]曹玉香. 低丘缓坡挑起工业用地大梁——浅析浙江省低丘缓坡开发利用情况. 中国土地，2011，(8): 24-25.

[4]吕洪荣. 引工业上山 建梯田工厂——福建省龙岩市利用低丘缓坡地发展工业的探索实践. 中国土地，2011，(8): 22-23.

[5]低丘缓坡. http://baike. baidu. com/view/9139929. htm[2012-8-17].

[6]刘卫东，严伟. 经济发达地区低丘缓坡土地资源合理开发利用——以浙江省永康市为例. 国土资源科技管理，2007，24(3): 1-5.

[7]郭戬. 低丘缓坡综合开发利用的问题与对策——以丽水市为例. 小城镇建设，2009，(2): 73-76.

[8]王志清，林飞，苗国丽，等. 宁波市低丘缓坡林地开发利用研究. 华东森林经理，2011，25(2): 6-10.

[9]宋梦意. 我国低丘缓坡开发利用的法律问题研究. 成都行政学院学报，2012，(3): 41-44.

[10]庞宇. 低丘缓坡土地综合开发利用潜力调查与评价——以广西东兴市为例. 南方国土资源，2012，(9): 21-24.

[11]丘陵. http://baike. baidu. com/view/26041. htm[2014-9-5].

[12]周廷儒，施雅风，陈述彭. 中国地形区划草案//《中华地理志》编辑部. 中国自然区划草案. 北京: 科学出版社，1956: 21-56.

[13]沈玉昌. 中国地貌区划(初稿). 北京: 科学出版社，1959.

[14]李炳元，潘保田，韩嘉福. 中国陆地基本地貌类型及其划分指标探讨. 第四纪研究，2008，28(4): 535-543.

[15]高玄彧. 地貌基本形态的主客分类法. 山地学报，2004，22(3): 261-266.

[16]中国科学院地理科学与资源研究所. 中国 1∶1 000 000 地貌图制图规范(试行). 北京: 科学出版社，1987.

[17]全国人民代表大会常务委员会. 中华人民共和国水土保持法. http://www.gov.cn [2010-12-25].

[18]全国农业区划委员会. 土地利用现状调查技术规程. 北京: 测绘出版社，1984.

[19]中华人民共和国国土资源部. 中华人民共和国土地管理行业标准 TD/T1014—2007. 第二次全国土地调查技术规程. 北京: 中国标准出版社，2007.

[20]《云南农业地理》编写组. 云南农业地理. 昆明: 云南人民出版社，1981.

[21]云南省计划委员会. 云南国土资源. 昆明: 云南科技出版社，1990.

[22]张耀武，余蕴祥，赵乔贵，等. 云南省第二次土地调查实施细则(农村部分). 昆明: 云南人民出版社，2007.

[23]FAO. A framework for land evaluation. Rome: Food and Agriculture Organization of the United Nations，1976.

[24]石玉林. 土地与土地评价. 自然资源，1978，(2): 1-13.

[25]谢应齐，杨子生. 土地资源学. 昆明: 云南大学出版社，1994.

[26]Wu Z L, Yang Z S. Study on the indicator system for evaluating the suitability of the mountainous land for construction //刘彦随，卓玛措. 中国土地资源开发利用与生态文明建设研究. 西宁: 青海民族出版社，2013: 559-565.

[27]杨子生，王辉，张博胜. 中国西南山区建设用地适宜性评价研究——以云南芒市为例//杨子生. 中国土地开发整治与建设用地上山研究. 北京: 社会科学文献出版社，2013: 112-120.

[28]坡度. http://baike. baidu. com [2013-5-18].

[29]坡度. http://baike. so. com/doc/2872556. html [2014-7-4].

[30]余大富. 山地学的研究对象和内容浅议——续《发展山地学之我见》. 山地研究，1998，16(1): 69-72.

[31]钟祥浩，余大富，郑霖，等. 山地学概论与中国山地研究. 成都: 四川科学技术出版社，2000.

[32]余大富. 川西山地农业系统. 成都: 成都科技大学出版社，1992.

[33]黄光宇. 山地城市学原理. 北京: 中国建筑工业出版社，2006.

[34]佚名. 海口: 新版城市总体规划提出禁建限建宜建区. 中国房地产，2011，(11): 43.

[35]云南省农业区划委员会办公室. 云南省不同气候带和坡度的土地面积. 昆明: 云南科技出版社，1987.

[36]杨子生，赵乔贵，辛玲. 云南土地资源. 北京: 中国科学技术出版社，2014.

[37]国务院. 地质灾害防治条例. http://www. gov. cn [2003-11-24].

[38]国家统计局. 中国统计年鉴(2004—2014). 北京: 中国统计出版社，2004—2014.

[39]中共云南省委宣传部. 云南省情问答. 昆明: 云南民族出版社, 2013.

[40]周豹, 赵俊三, 袁磊, 等. 低丘缓坡建设用地适宜性评价体系研究——以云南省宾川县为例. 安徽农业科学, 2013, 41(28): 11528-11531, 11535.

[41]全国人大常委会. 中华人民共和国矿产资源法. 北京: 法律出版社, 1999.

[42]国土资源部. 关于规范建设项目压覆矿产资源审批工作的通知. 中华人民共和国国务院公报, 2001, (30): 34.

[43]国土资源部. 关于进一步做好建设项目压覆重要矿产资源审批管理工作的通知. 国土资源通讯, 2010, (18): 33-35.

[44]国务院. 矿产资源开采登记管理办法. 中华人民共和国国务院公报, 1998, (4): 166-171.

[45]国务院. 基本农田保护条例. 人民日报, 1998-12-31(2).

[46]国务院. 全国土地利用总体规划纲要(2006—2020 年). 人民日报, 2008-10-24(13-15).

[47]张伟, 王家卓, 任希岩, 等. 基于 GIS 的山地城市生态敏感性分析研究. 水土保持研究, 2013, 20(3): 44-47.

[48]国土资源部. 县级土地利用总体规划编制规程. 北京: 中国标准出版社, 2010.

[49]孙斌. 山地村镇建设地质地貌适宜性评价. 重庆: 重庆大学, 2013.

[50]陈传康. 城市建设用地综合分析和分等问题. 自然资源, 1983, 5(2): 18-25.

[51]郭欣欣. 基于 GIS 的南京浦口新市区建用地适宜性评价. 长春: 吉林大学, 2007.

[52]宗跃光, 王蓉, 汪成刚, 等. 城市建设用地生态适宜性评价的潜力-限制性分析——以大连城市化区为例. 地理研究, 2007, 26(6): 1117-1126.

[53]王海鹰, 张新长, 康停军. 基于 GIS 的城市建设用地适宜性评价理论与应用. 地理与地理信息科学, 2009, 25(1): 14-17.

[54]Fan C J, Shen S G, Wang S H, et al. Research on urban land ecological suitability evaluation based on gravity-resistance model: a case of Deyang city in China. Procedia Engineering, 2011, 21(1): 676-685.

[55]仲照东, 任子炎. 基于 GIS 的建设用地适宜性评价研究——以江西省南康市为例. 河南城建学院学报, 2013, 22(1): 59-64.

[56]展安, 宗跃光, 徐建刚. 基于多因素评价 GIS 技术的建设适宜性分析——以长汀县中心城区为例. 华中建筑, 2008, 26(3): 84-88.

[57]于娟, 张丽萍. 基于 GIS 的山地型城市用地适宜性评价. 城市勘测, 2009, (2): 59-61.

[58]麻永建, 夏保林. 基于 GIS 和 RS 的城市建设用地生态适宜性评价——以南阳市西峡县为例. 河南科学, 2009, 27(8): 1011-1014.

[59]南晓娜, 彭天祥, 刘科伟. GIS 支持下的山地城市用地适宜性评价——以陕南岚皋为例. 国土资源科技管理, 2009, 26(3): 101-105.

[60]张东明, 吕翠华. GIS 支持下的城市建设用地适宜性评价. 测绘通报, 2010, (8): 62-64.

[61]郭富赟, 宋晓玲, 吕红艳. 基于 GIS 的兰州市城市建设用地适宜性评价. 地下水, 2011, 33(2): 179-181.

[62]Xu K, Kong C F, Li J F, et al. Suitability evaluation of urban construction land based on geo-environmental factors of Hangzhou, China. Computers and Geosciences, 2011, 37(8): 992-1002.

[63]周潮, 南晓娜. 基于 GIS 的山地城市建设用地适宜性评价研究——以岚皋县中心城区为例. 天津城市建设学院学报, 2011, 17(2): 90-95.

[64]瞿晓雯, 李献忠. 基于 GIS 的山地城市建设用地适宜性评价研究——以重庆市綦江县为例. 城市地理·城乡规划, 2012, (4): 96-100.

[65]彭涛. 基于生态适宜性的城镇拓展空间布局研究——以重庆市秀山县县城为例. 重庆: 西南大学, 2012.

[66]高洁纯, 张军. 宜丰县低丘缓坡地宜建性评价研究. 江西农业学报, 2013, 25(2): 129-131.

[67]孙斌. 山地村镇建设地质地貌适宜性评价. 重庆: 重庆大学, 2013.

[68]黄光宇. 山地城市学原理. 北京: 中国建筑工业出版社, 2006.

[69]周志宇, 姜云, 王兰霞, 等. 煤炭城市建设用地评价指标体系初探. 低温建筑技术, 2013, 35(5): 133-135.

[70]尹海伟, 孔繁花, 罗震东, 等. 基于潜力-约束模型的冀中南区域建设用地适宜性评价. 应用生态学报, 2013, 24(8): 2274-2280.

[71]尹海伟, 张琳琳, 孔繁花, 等. 基于层次分析和移动窗口方法的济南市建设用地适宜性评价. 资源科学, 2013, 35(3): 530-535.

[72]苏珊. 基于 GIS 的海口市建设用地生态适宜性评价. 海口: 海南师范大学，2013.

[73]党丽娟，徐勇，汤青，等. 广西西江沿岸后备适宜建设用地潜力及空间分布. 自然资源学报，2014，29(3): 387-397.

[74]Zhang S Q, Yang Z S, Yang Y, et al. Study on index system and method of evaluating land suitability for construction in gentle-slope hilly areas at county level in Yunnan Province // Kim Y H. Progress in Civil, Architectural and Hydraulic Engineering IV. London, UK: CRC Press, Taylor and Francis Group, 2016: 1187-1190.

第四章　山区建设用地适宜性评价系统与技术模型方法

第一节　山区建设用地适宜性评价系统

制定科学而切合实际的评价系统，是土地适宜性评价研究的重要内容，也是很复杂的问题。本节拟在阐述以往主要的评价系统基础上，结合山区建设用地适宜性评价实际需要，建立起简便、实用、可行的评价系统。

一、传统土地适宜性评价系统

由于评价目的不同，其评价系统不一样；即便是同一评价目的，采用不同原则和评价指标时，其评价系统亦截然不同。因此，国内外已有的适宜性评价系统真可谓是五花八门。这种状况极不便于资料和成果的交流和应用。为此，联合国粮农组织制定了《土地评价纲要》，并多次召开会议，试图建立一个统一的评价系统，以促进评价方法和评价系统的标准化。然而，此举困难颇多，无法实现。

（一）国际土地适宜性评价系统

联合国粮农组织在《土地评价纲要》中依概括化减少的趋势，采用逐级递降的四级制评价系统[1]。

1. 土地适宜性纲（land suitability orders）

反映土地适宜性的种类，表示土地对考虑中的用途是适宜或不适宜。可分出"适宜"和"不适宜"两个纲：适宜纲（S）表示土地被持续利用于所考虑的用途时，能产生明显的经济效益，并且对土地资源本身不会产生破坏性后果。不适宜纲（N）表示土地不能持续利用于所考虑的用途。不适宜的原因主要有：①土地的自然条件恶劣，强烈限制了土地利用的可能性（如高山寒漠、陡坡地等）；②土地被利用后可能会引起严重的土地资源退化与环境恶化（如陡坡地耕种等）；③所需投资大而收益小，在经济上得不偿失、无利可图等。

2. 土地适宜性级（land suitability classes）

反映"纲"之内的适宜性程度，其级别用阿拉伯字母按"纲"内适宜性程度递减顺序排列。"纲"内级的数目未作具体规定，以保持在必要的最低限度内满足说明之需为目的。一般约有3～5级，但常用的有以下3级。

（1）高度适宜级（S_1）。指土地可被持续利用于某种用途而不受限制，或仅有较小限制，不至降低生产力或效益，亦不需增加超出可承担水平的投资和费用。

（2）中度适宜级（S_2）。指土地被持续利用于某规定用途时受到中等程度的限制，因而生产力和收益将减少，并增加投资及费用，但仍能获益。

（3）低度（或勉强）适宜级（S_3）。指土地被持续利用于某规定用途时受到严重限制，因而生产能力和收益将明显减少，或增加必需的投入，以至收支仅仅勉强达到平衡。

（4）在"不适宜纲"内，常可分出两级：①当前不适宜级（N$_1$）。指土地所受到的严重限制在将来是可以克服或改造的，但在目前的技术水平和成本核算下还不能予以有效的持续利用。随着技术水平进步、社会经济发展，N$_1$级土地将有可能从"不适宜纲"提高到"适宜纲"之列。②永久不适宜级（N$_2$）。指土地限制性极其强烈，因而没有任何有效持续利用的可能性。此级土地一般是由难以克服或难以改造的自然限制性因素所决定的，因而具有永久性。

3. 土地适宜性亚级（land suitability subclasses）

反映"级"内限制性因素的种类，如水分亏缺、土壤侵蚀危险、土壤盐渍化等。亚级用小写字母表示。亚级的数目及区别亚级所选择的界线将随分类目的的不同而不同。一般而言，其数目应以能满足区别某一类土地范围内的土地为限；在其符号表示上，最好用最少的限制因素代号，一般仅用1个。若2个限制因素同样重要，亦可将2个符号并用。限制因素的代号一般用英文名词的第一个字母表示，如水分亏缺用m，侵蚀危险用e等。这些代号被列于"级"之后，即表示为S$_{2m}$、S$_{2e}$等。

由于高度适宜级（S$_1$）土地几乎不受任何限制，因而在该级土地内不存在亚级之分。中度适宜级（S$_2$）和低度（或勉强）适宜级（S$_3$）则均划分适宜性亚级。至于"不适宜纲"内的土地，亦可按限制性因素的种类划分亚级，但由于此类土地均不投入经营使用，故不必划分亚级，更不需再分成"适宜性单元"。

4. 土地适宜性单元（land suitability units）

反映"亚级"之内所需经营管理方面的细小差别。不同单元之间在其生产特点或经营条件方面均有细微差别（往往可以规定为土地限制性的细节差异），而同一适宜性单元在生产利用上或改良措施的难易程度或规模上有着极为相似的一致性。

应指出，适宜性纲、级、亚级及单元的全部级别是否均使用，或仅用较高的两三级，应取决于评价范围和研究程度。

（二）中国土地适宜性评价系统

20世纪80年代，在参考借鉴联合国粮农组织上述评价系统基础上，《中国1∶100万土地资源图》编委会经全国有关学者集体反复讨论、修正、再实践、再修正过程之后产生了具有全国性意义的《中国1∶100万土地资源图》土地资源适宜性评价系统。该系统采用土地潜力区、土地适宜类、土地质量等、土地限制型和土地资源单位五级分类制[2]。

1. 土地潜力区

为"0"级单位，其划分依据是气候和水热条件，反映区域之间生产力的对比。在同一"区"内，应具有大体相同的土地生产能力，包括适宜的农作物、牧草、林木的种类、组成、熟制和产量，以及土地利用的主要方向和主要措施。全国共划分出九个土地潜力区，即华南、四川盆地—长江中下游区、云贵高原区、华北—辽南区、黄土高原区、东北区、内蒙半干旱区、西北干旱区、青藏高原区。

2. 土地适宜类

土地潜力区的范围内依据土地对农、林、牧业生产的适宜性进行划分。在划分时，应尽可能按主要适宜方面划分，但对那些主要利用方向尚难明确的多宜性土地，应作多种适宜性评价。土地适宜类划分为：宜农耕地类，宜农宜林宜牧土地类，宜农宜林土地类，宜农宜牧土地类，宜林宜牧土地类，宜林土地类，宜牧土地类，不宜农林牧土地类。

3. 土地质量等

土地适宜类范围内，反映土地的适宜程度和生产潜力的高低。这是土地资源评价的核心。土地质量等的划分，可按农林牧诸方面各分三等。

4. 土地限制型

土地质量等的范围内，按其限制因素及其强度来划分。在同一限制型内具有相同的主要限制因素和相同的主要改造措施。在同一"等"内，型与型之间只反映限制因素的不同，改造对象和改造措施的不同，而没有质上的差别。土地限制型划分为：无限制、水文与排水条件限制、土壤盐碱化限制、有效土层厚度限制、土壤质地限制、基岩裸露限制、地形坡度限制、土壤侵蚀限制、水分限制、温度限制。各个限制因素均分出若干级，分级指标以满足能够进行农、林、牧分等为原则。

5. 土地资源单位

土地资源单位是土地资源分类的基层单位，由地貌、土壤、植被与利用类型组成。其中，地貌按形态划分为平地、岗地与台地、丘陵、山地、谷地和沙地六大类，其下根据评价的需要划分若干类型；土壤基本上按 1978 年中国土壤学会土壤分类学术会议上拟订的我国土壤分类暂行草案，规定以土类、亚类为主；植被以亚型、群系组为主；利用类型划分为水田、水浇地、旱耕地、林地、经济林地、草地等主要利用类型。土地资源单位的命名采用地貌、土壤、植被与利用类型联名法。

杨子生在进行四川省西昌市土地适宜性评价时，采用土地适宜类、土地适宜亚类、土地适宜等和土地限制型四级制评价系统[3, 4]。

以上评价系统主要是基于大农业土地资源评价的。从开展的建设用地适宜性评价来看，基本上没有建立完整的评价系统，大多将建设用地适宜性分为一等适宜（或称高度适宜）、二等适宜（或称中度适宜）、三等适宜（或称勉强适宜）和不适宜 4 个等级[5-18]或 5 个等级[19-28]。

二、本书山区建设用地适宜性评价系统

参考和借鉴上述联合国粮农组织制定的土地适宜性评价系统和《中国 1∶100 万土地资源图》土地资源适宜性评价系统，结合考虑云南"城镇上山"战略的科技需求，从开展山区建设用地适宜性评价的实际需要出发，本书将山区建设用地适宜性评价系统分为三级，即适宜纲、适宜级（或适宜等）、限制型。至于联合国粮农组织评价系统中的"土地适宜性单元"和《中国 1∶100 万土地资源图》评价系统中的"土地资源单位"只是作为土地适宜性评价的基本单元，属于"土地类型"本身，它具有自己的分类系统，与土地适宜性评价系统是两个具有不同概念、本质有别的系统，故不应将其列入适宜性评价系统中，它只能作为土地单元。

（一）适宜纲

反映山区建设用地适宜性的种类，表示山区土地对"城镇等建设"这一用途是否适宜。可以分为"适宜"和"不适宜" 2 个纲。

1. 适宜纲（S）

表示山区土地被持续利用于"城镇等建设"这一用途时，能产生明显的开发利用效益，并且对山区土地资源本身不会产生破坏性后果。评定为"适宜纲"的土地属于"宜建地"。

2. 不适宜纲（N）

表示山区土地不能持续利用于"城镇等建设"这一用途。不适宜的原因主要有：①山区土地的自然条件恶劣，如地形坡度陡峻，滑坡、泥石流等地质灾害突出，强烈限制了城镇等建设开发的可能性；②山区土地被开发为城镇等建设用地后可能会引起严重的土地资源退化与生态环境恶化（如陡坡地建设城镇或工业区等）；③所需投资巨大而收益较小，在经济上得不偿失；等等。评定为"不适宜纲"的土地属于"不宜建土地"或"禁建地"。

（二）适宜级

系在"适宜纲"范围内，反映山区土地对"城镇等建设"这一用途的适宜程度的高低。这是山区建设用地适宜性评价的核心。适宜级的划分，可参考国内外已有的通常做法，分为 3 个等级。

1. 高度适宜级（一等宜建地）（S_1）

指山区土地可被持续利用于"城镇等建设"这一用途而不受明显限制，或仅有较小限制，不至于显著地影响开发利用效益，亦不需增加超出可承担水平的投入。

2. 中度适宜级（二等宜建地）（S_2）

指山区土地可被持续利用于"城镇等建设"这一用途而受到中等程度的限制，因而开发利用效益降低，适宜性程度属于"中等"或"中度"。此类土地需要采取一定改造和整治措施后才能开发为"城镇等建设用地"，或需要一定的保护和管理措施，以免产生土地退化。

3. 低度适宜级（三等宜建地）（S_3）

指山区土地可被持续利用于"城镇等建设"这一用途而受到较为严重的限制，因而开发利用效益显著降低，适宜性程度属于"低度"。此类土地需要采取重大改造和整治措施后才能开发为"城镇等建设用地"，或需要严格的保护和管理措施，否则极易发生土地退化。

（三）限制型

系在"适宜级"的范围内，按其限制因素及其限制强度之不同来划分。在同一限制型内具有相同的主要限制因素和相同的主要改造措施。在同一"级"内，型与型之间只反映限制因素及其限制强度的不同，改造对象和改造措施的不同，而没有本质上的差别。知道了限制型，便可明确土地改造的方向和措施以及改造的难易程度。限制因素应是长期比较稳定的，至于容易改变或稍加措施即可改变的不稳定因素可不考虑。就山区建设用地适宜性评价而言，土地限制型主要划分为：地形坡度限制，岩性与地基承载力限制，地质灾害限制，地震断裂带限制，地面工程量限制，矿产压覆限制，生态环境安全限制，基本农田保护限制，自然与文化遗产保护限制等。各限制因素均分出若干等级，分级指标以满足能够进行建设用地适宜性分级为原则。

第二节　山区建设用地适宜性评价技术模型方法

一、评价技术方法的选择

（一）土地适宜性评价实际上是土地用途要求与评价单元土地质量（性状）之间的匹配过程

从根本上讲，土地适宜性评价实际上是将土地用途（土地利用方式或土地利用种类）对土地质量（性状）的要求与表征每一评价单元（本书采用土地资源调查的地块——"现状土地利用图斑"作为评价单元）土地质量的各种土地属性（或土地性状）（即前面选择的各种参评因子）相比较，并进行相互协调和相互适应的过程[29-32]，即比配（matching）[1]（图 4-1）。通过这种"匹配"，可以了解到一定的评价单元所具有的土地质量（各种土地属性或土地性状）对土地用途要求满足或吻合程度的相关信息，这一信息是进行土地适宜性评定的基础[33]。

从有关评价指标的讨论可以看出，城镇开发建设用途的要求较多，若将该用途全部要求同时与评价单元的土地质量（各种土地属性或土地性状）进行比较，是一项很困难的工作，为了便于"匹配"，可以按照用途要求的种类，分别与土地评价单元的相关土地质量（土地属性或土地性状）进行比较，再根据评价单元的土地质量对该用途要求的满足程度综合得出该土地评价单元对该用途的总体适宜性。

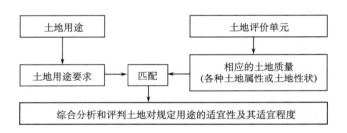

图 4-1　土地适宜性评价中"匹配"的一般环节

（二）土地适宜性评价方法的分类

在适宜性评价中，按照是否采用量化的标准，可以分出"定性"和"定量"两类。

1. 定性的土地适宜性评价

系根据评价单元的土地质量与土地用途要求相比的吻合情况（即评价单元的土地质量对土地用途要求的满足程度），定性地评定土地对该用途的适宜性程度等级——高度适宜、中度适宜、低度适宜和不适宜。这种定性评价法又被称为"分等法"（rating method）或"分级法"（classification method）。

在具体评价中，主要有"极限条件法"、"综合分析法"等方法。极限条件法（extreme conditions method）又称最小因子法（minimum factor method），指按所有参评因子中单项因子适宜性评价等级最小（或最低）的那个因子等级来决定土地适宜性等级的方法。综合分析法（comprehensive analysis method）则是在单项评价（即确定各参评因子限制强度等级及其所决定的适宜性等级）基础上，评价者凭自己的了解和认识判断确定评价单元的适宜性等级。这两种方法有时可以相辅相成、交互使用。杨子生在进行金沙江流域耕地适宜性评价时，采用"极限条件法"与"综合分析法"相结合来分析、评定每一评价单元图斑的适宜性及其适宜等级[32]；在评定耕地适宜性（适宜与不适宜）时，以极限条件法为主；在确定适宜程度等级时，则以综合分析法为主，并辅之以极限条件法来分析、评定适宜等级。这是一种通俗、简明、实用的土地适宜性评价法。

2. 定量的土地适宜性评价

定量评价法是运用数学方法处理土地特征、进行土地评价的一种方法。如以往研究者们使用的指数法（index method 或 exponential method）、评分法（scoring method 或 marking method）等。该法采用量化的评价指标，定量地评定土地对规定用途的适宜性及其适宜程度。

通常，该法以某种利用方式下已知的最优土地作为比较的基础，通过数学模型计算得到不同的数字或百分比，即不同土地单元的评价指标值，以此作为评定土地质量优劣和适宜性程度等级的依据。

评分法等定量计算法计算的结果值一般具有连续系列的特点（即尺度的连续性），较为接近于土地本身性状的连续性，但因不便于实际使用，因而常常需要将评分法评出的结果（参数值或指数值），按某种原则分割成若干分数段，其实质就是将定量计算法所确定的数值系列转化为定性分等法（或分级法）所确定的分等或分级体系中的等或级（高度适宜、中度适宜、低度适宜和不适宜），以此区分开各段土地的适宜性、限制性和生产力等质量特征。

定性分等法（或分级法）和定量的指数法或评分法既有差异又有联系，二者之间的共同点表明它们可能源出同宗。

（三）本书采用的山区建设用地适宜性评价方法

总体上分析，定性的"分等法"（或"分级法"）和定量的"评分法"（或"指数法"）各有其优点和缺点[34]。

定性分等法的优点主要在于：①能够综合各项土地因子，由此将土地评价单元评定、归纳为数目不多的几个适宜性等级，并明确指出与规定用途有关的土地质量的优劣（或主要限制因素及其强度），因而显得简明、通俗、实用、内涵丰富，易为土地利用者和管理者理解和接受。②由于该法以定性评价为主，因而在当前对土地的各种属性、土地用途要求以及二者之间相互关系方面的了解、研究尚不够深入的情况下，该法并不失为一种较为实用的方法。③由于其概括程度高，评价过程中可根据多方面的因素加以调节，在不同比例尺或具有不同限制因素类型和强度的地区，可以灵活地应用适宜性等级系统，不会对方法的内容和等级系统的基本结构产生大的影响。④评价结果，无论评到等级系统中的哪一级土地单元，均可在图上简明、直观地表示出来。不过，两个制图单元之间的分界往往是逐渐过渡的，并无一条明确的界线。⑤由于此法具有较大的可调节范围，因而能够避免定量评分法那种机械的公式计算可能产生的错误结论。然而，此法亦有其缺点：①运用此法进行评价，易受评价者主观性的影响。即使有一套完整、精确的单项评价指标，亦因各因素间的相互作用难以综合顾及，以致在评定等级时灵活性较大，易受主观影响，经验不足的评价者可能无所适从甚至处理不当。②将土地评价单元仅评定、归纳为几个等级，对于面积不大的地区，显然过于粗糙，加之没有定量含义，因而不能用于衡量具体两块土地的质量差别。

定量评分法的优点则主要表现在：①评价标准和方法易于掌握，便于应用。②由于它建立在具体数值基础之上，极大地避免了评价的主观性，其客观性显著强于定性分等法。③有定量模型支撑，较为精确，并能够适应于数据库和 GIS 技术处理的需要。④可用于特定目的的土地评价。但是，该法亦有其缺点，主要是：①在选择参评因子和分配指数值范围上，仍不免存在主观影响，甚至某些重要因子可能被忽略或处理不当，因而影响评价结果的准确性，例如，在山区建设用地适宜性评价中，该法容易出现评价单元上某一指标表明该单元用地不适宜作为建设用地、而该地块的最终综合适宜性分数值又位于适宜建设用地范围内的情况[35]，甚至出现地质灾害高易发区、坡度大于 25°区域成为一等宜建地的悖论[27]。②不能表示限制因素的类型和强度，因而不能为土地使用者选择利用方式和利用类型、确定相应的土地改良目标提供坚实的基础依据。③用简单的加法或乘法等数学模型计算未必能够较好地处理和反映各参评因素间的相互关系和共同作用。

正由于两类方法各有优缺点，可根据评价需要和区域特点选用。一般可以认为，在区域面积大、制图比例尺小、各种资料相对较少的情况下，宜用定性分等法进行评价；反之，若区域面积小、制图比例尺大且有关资料又较为丰富和齐全，则以定量评分法为佳。从未来发展来看，定性分等法仍将得到广泛的应用。但由于评分法有其独特的优点，特别是能够适应于数据库和 GIS 技术处理的需要，因而日益得到更多的应用和发展。总的发展趋势是两者的有机结合，互为依存、相辅相成。

从部分研究者开展的建设用地适宜性评价来看，有偏重于定性分等法（尤其是"极限条件法"），较少考虑定量的指数计算法或评分法，导致在确定适宜等级时难免主观意识偏强；也有不少采用定量"指数法"来评定适宜性等级，但如上所述，定量指数模型法也有其缺陷。

从本书开展的山区建设用地适宜性评价来考虑，鉴于山区生态环境的脆弱性、地质灾害等自然灾害的频发性以及人类生存的安全性和发展的可持续性，在评价方法上的基本思路是：以定性分等法的等级系统（即前述评价系统）作为基本骨架，而以定量模型计算法得出的适宜性指数值作为评定适宜等级的依据，从而取两者之长、互补其短。具体而言，本书采用定性评价法中的"极限条件法"与定量评价法中的"适宜性指数法"有机结合的技术方法，分析和评定每一评价单元图斑的可用于城镇等建设的适宜性，并评出相应的适宜等级——高度适宜、中度适宜、低度适宜和不适宜。

也就是说，与上一章确定的 2 类参评因子相对应，特殊因子的分析与评价采用"极限条件法"，即由前述 7 个特殊因子决定"适宜"或者"不适宜"，凡某一特殊因子属于"不适宜"范围内，即评定为"不宜建"。如果某地块的地形坡度超过 25°，或者位于地质灾害高危险区，或者位于地震断裂带 500m 范围区，或者位于重要矿产压覆区，或者位于基本农田保护区内，或者位于生态环境安全控制区内，或者位于自然与文化遗产保护区之内，均确定为不适宜建设用地。反之，则视为宜建地。而对于一般因子的分析与评价，则采用定量的"适宜性指数法"来进行。这样，将"极限条件法"与"适宜性指数法"有机结合，最大限度地吸收了两种方法的优点，既避免了传统定性评价方法的缺陷，又优于以往单一的综合指数法。

二、评价的技术步骤

（一）运用"极限条件法"，确定每一评价单元对城镇等建设用途的适宜与不适宜

主要考虑上述 7 个特殊因子。规定：凡是地形坡度超过 25°，或者位于地质灾害高危险区、地震断裂带 500m 范围区、重要矿产压覆区、基本农田保护区、生态环境安全控制区和自然与文化遗产保护区之内的地块，均确定为不适宜建设用地。反之，则视为宜建地。

（二）结合"极限条件法"，以"适宜性指数法"为主体，确定宜建地的适宜等级

首先，运用"极限条件法"，确定一等宜建地。按照云南的通常做法，在"宜建地"内，凡是地形坡度不足 8°的，均评定为一等宜建地。然后，运用"适宜性指数法"，确定二等宜建地和三等宜建地。

1. 确定单项评价因子指数

理论上，每个单项评价因子指数的取值范围确定为 0～100。鉴于每个评价单元（图斑）的评价因子难以准确地定量化，这里按照各个评价因子对应的高度适宜、中度适宜和低度适宜 3 个等级来进行赋值（表 4-1）。

表 4-1　山区城镇建设用地适宜性评价单项因子指数取值表

适宜等级	高度适宜（一等宜建地）	中度适宜（二等宜建地）	低度适宜（三等宜建地）
取值范围	100～80	80～60	60～40
具体取值	85	65	45

2. 测算和确定综合性适宜指数——山区建设用地综合适宜指数（CSI）

为了从整体上对山区城镇宜建地的适宜程度等级作出相对合理的综合评定，这里提出一个定量的综合性评价指标，即山区城镇建设用地综合适宜指数（简称 CSI），用以定量反映山区适宜建设用地的适宜性程度。其测算方法如下：

$$CSI = w_1 \cdot I_1 + w_2 \cdot I_2 + w_3 \cdot I_3 + w_4 \cdot I_4 + w_5 \cdot I_5 + w_6 \cdot I_6 + w_7 \cdot I_7$$
$$+ w_8 \cdot I_8 + w_9 \cdot I_9 + w_{10} \cdot I_{10}$$

(4-1)

式中，I_1、I_2、I_3、I_4、I_5、I_6、I_7、I_8、I_9 和 I_{10} 分别为参与评定宜建地适宜等级的 10 个参评因子（即地形坡度，地质灾害及其威胁程度，地震断裂带分布距离，矿产压覆状况，生态环境安全程度，岩性、土质、水文条件与地基承载力，地面工程量与建设成本，供水、排水等条件，绿化的生境条件，交通条件）评价指数值；w_1、w_2、w_3、w_4、w_5、w_6、w_7、w_8、w_9 和 w_{10} 分别为上述 10 个评价因子指数（I_1、I_2、I_3、I_4、I_5、I_6、I_7、I_8、I_9 和 I_{10}）的权重。需要说明的是，本书的评价指标共计 12 个，其中，基本农田保护、自然与文化遗产保护作为特殊因子之一，不参与宜建地之内的适宜等级评定。

CSI 值越高，表示适宜建设用地的适宜性程度越大，即适宜程度等级也越高。

一般，各评价指标对系统的影响程度是不同的，因此，在对系统进行综合评价时，通常需要确定各指标的不同权重值。这是山区城镇建设用地适宜性评价过程中的重要环节。权重的确定方法主要有"主成分分析法"、"层次分析法"、"德尔菲法（Delphi method）"等。其中，德尔菲法（"专家意见法"或"专家函询调查法"）是较为常用的确定权重系数的方法，它通过组织专家对各因子权重进行赋值或打分，并通过反馈概率估算结果后，由专家对各因子权重进行第二轮、第三轮打分，使分散的赋值逐渐收敛，最后得到具有较高准确率的集体判断结果值。

按照德尔菲法，我们组织了 15 位具有相关专业背景（土地规划、城市规划、地理学、生态学、地质学和灾害学、经济学等）的专家对上述 10 个评价因子的权重进行赋值，经过相应处理后，得到了各层次指标的权重值（表 4-2）。

3. 确定综合适宜程度等级

按照上述方法，运用 GIS 技术计算出每个评价单元的综合适宜指数（CSI）值，以此为依据来划分和确定每个评价单元（图斑）的综合适宜程度等级。经反复分析，确定出具体划分综合适宜程度等级的标准（表 4-3）。

表 4-2　山区城镇建设用地适宜性评价参评因子及其权重值

评价因子	权重值
地形坡度	0.15
地质灾害及其威胁程度	0.14
地震断裂带分布距离	0.12
矿产压覆状况	0.08
生态环境安全程度	0.10
岩性、土质、水文条件与地基承载力	0.12
地面工程量与建设成本	0.10
供水、排水等条件	0.10
绿化的生境条件	0.04
交通条件	0.05
合计	1.00

表 4-3　山区城镇建设用地综合适宜等级的划分指标

适宜等级	高度适宜（一等宜建地）	中度适宜（二等宜建地）	低度适宜（三等宜建地）
山区建设用地综合适宜指数（CSI）	大于80	80～75	小于75

参 考 文 献

[1] FAO. A framework for land evaluation. Rome: Food and Agriculture Organization of the United Nations, 1976.

[2] 《中国1∶100万土地资源图》编委会. 《中国1∶100万土地资源图》编图制图规范. 北京: 科学出版社, 1990.

[3] 杨子生. 我国亚热带山区土地资源质量综合评价的初步研究——以四川西昌市为例. 重庆: 西南师范大学, 1989.

[4] 谢应齐, 杨子生. 土地资源学. 昆明: 云南大学出版社, 1994.

[5] 郭欣欣. 基于GIS的南京浦口新市区建设用地适宜性评价. 长春: 吉林大学, 2007.

[6] 宗跃光, 王蓉, 汪成刚, 等. 城市建设用地生态适宜性评价的潜力-限制性分析——以大连城市化区为例. 地理研究, 2007, 26(6): 1117-1126.

[7] 王海鹰, 张新长, 康停军. 基于GIS的城市建设用地适宜性评价理论与应用. 地理与地理信息科学, 2009, 25(1): 14-17.

[8] 仲照东, 任子炎. 基于GIS的建设用地适宜性评价研究——以江西省南康市为例. 河南城建学院学报, 2013, 22(1): 59-64.

[9] 麻永建, 夏保林. 基于GIS和RS的城市建设用地生态适宜性评价——以南阳市西峡县为例. 河南科学, 2009, 27(8): 1011-1014.

[10] 南晓娜, 彭天祥, 刘科伟. GIS支持下的山地城市用地适宜性评价——以陕南岚皋为例. 国土资源科技管理, 2009, 26(3): 101-105.

[11] 张东明, 吕翠华. GIS支持下的城市建设用地适宜性评价. 测绘通报, 2010, (8): 62-64.

[12] 周潮, 南晓娜. 基于GIS的山地城市建设用地适宜性评价研究——以岚皋县中心城区为例. 天津城市建设学院学报, 2011, 17(2): 90-95.

[13] 彭涛. 基于生态适宜性的城镇拓展空间布局研究——以重庆市秀山县县城为例. 重庆: 西南大学, 2012.

[14] 高洁纯, 张军. 宜丰县低丘缓坡地宜建性评价研究. 江西农业学报, 2013, 25(2): 129-131.

[15] Fan C J, Shen S G, Wang S H, et al. Research on urban land ecological suitability evaluation based on gravity-resistance model: A case of Deyang city in China. Procedia Engineering, 2011, 21(1): 676-685.

[16] 孙斌. 山地村镇建设地质地貌适宜性评价. 重庆: 重庆大学, 2013.

[17]党丽娟，徐勇，汤青，等. 广西西江沿岸后备适宜建设用地潜力及空间分布. 自然资源学报，2014，29(3): 387-397.

[18]He Y M, Yang Z S, Zhang B S, et al. Study on urban construction land suitability evaluation in southwestern mountainous areas of Yunnan Province based on the strategy of "protecting farmland in flatland areas and constructing mountainous cities": a case in Lianghe County. Agricultural Science and Technology, 2014,15(10): 1774-1777, 1780.

[19]展安，宗跃光，徐建刚. 基于多因素评价 GIS 技术的建设适宜性分析——以长汀县中心城区为例. 华中建筑，2008，26(3): 84-88.

[20]于娟，张丽萍. 基于 GIS 的山地型城市用地适宜性评价. 城市勘测，2009，(2): 59-61.

[21]郭富赟，宋晓玲，吕红艳. 基于 GIS 的兰州市城市建设用地适宜性评价. 地下水，2011，33(2): 179-181.

[22]Xu K, Kong C F, Li J F, et al. Suitability evaluation of urban construction land based on geo-environmental factors of Hangzhou, China. Computers and Geosciences, 2011, 37(8): 992-1002.

[23]瞿晓雯，李献忠. 基于 GIS 的山地城市建设用地适宜性评价研究——以重庆市綦江县为例. 城市地理·城乡规划，2012，(4): 96-100.

[24]尹海伟，孔繁花，罗震东，等. 基于潜力-约束模型的冀中南区域建设用地适宜性评价. 应用生态学报，2013，24(8): 2274-2280.

[25]尹海伟，张琳琳，孔繁花，等. 基于层次分析和移动窗口方法的济南市建设用地适宜性评价. 资源科学，2013，35(3): 530-535.

[26]苏珊. 基于 GIS 的海口市建设用地生态适宜性评价. 海口: 海南师范大学，2013.

[27]周豹，赵俊三，袁磊，等. 低丘缓坡建设用地适宜性评价体系研究——以云南省宾川县为例. 安徽农业科学，2013，41(28): 11 528-11 531，11 535.

[28]黄丽明，陈健飞. 广州市花都区城镇建设用地适宜性评价研究——基于 MCR 面特征提取. 资源科学，2014，36(7): 1347-1355.

[29]李孝芳. 土地资源评价的基本原理和方法. 长沙: 湖南科学技术出版社，1989.

[30]杨子生. 怒江峡谷农区景观格局动态变化与优化设计研究. 昆明: 云南大学出版社，1996.

[31]杨子生，陈昌琼，杨升吉，等. 德宏傣族景颇族自治州土地利用总体规划与研究. 北京: 科学出版社，1999.

[32]杨子生. 基于可持续利用的云南金沙江流域耕地适宜性评价研究. 云南大学学报(自然科学版)，2001，23(4): 303-309.

[33]梁学庆，杨凤海，刘卫东. 土地资源学. 北京: 科学出版社，2006.

[34]何同康. 土壤(土地)资源评价的主要方法及其特点比较. 土壤学进展，1983，11(6): 1-12.

[35]杨子生，王辉，张博胜. 中国西南山区建设用地适宜性评价研究——以云南芒市为例//杨子生. 中国土地开发整治与建设用地上山研究. 北京: 社会科学文献出版社，2013: 112-120.

第五章　评价实例：德宏州山区建设用地适宜性评价

在云南省实施"城镇上山"战略中，位于滇西南中低山区的德宏傣族景颇族自治州（简称德宏州）芒市和瑞丽市被确定为全省开展"城镇上山"型土地利用总体规划修编的试点县（市），并进而扩展到全州。鉴此，本书以德宏州为例，尝试性地开展山区建设用地适宜性评价的研究，确定其山区适宜城镇等建设的土地资源分布情况，探讨将城镇空间向山地扩展、发展山地型城镇、解决坝区耕地保护问题的可行性，以期为推进云南省乃至国内外类似山区加强坝区优质耕地保护、合理地建设山地城镇发展模式提供理论和技术支撑。

第一节　研究区域概况

一、地理位置与行政区划

德宏傣族景颇族自治州是云南省 8 个少数民族自治州之一，地处云南省西南部，其地理坐标为 97°31′40″E～98°43′36″E、23°50′40″N～25°20′10″N。东部和东北部与保山市的龙陵县和腾冲县接壤，西、西南、西北和北部与友好邻邦缅甸毗邻，国境线长约 503.8km。全州东西横跨 122km，南北纵跨 170km。据第二次全国土地调查，德宏州土地总面积 1 117 223.57hm²[1]。州政府驻芒市镇，陆地距省会昆明 785km，空距 427km。

截至 2013 年年底，全州在行政区划上辖 5 个县（市）（即芒市、瑞丽市、梁河县、盈江县和陇川县），共计 50 个乡（镇）（其中有 23 个镇）、1 个办事处、376 个村（居）委会（办事处）、3764 个村民小组。

二、自然条件

（一）地势地貌

德宏州地处横断山脉南延部分，地质构造属青、藏、滇、缅、印尼"歹"字形构造带体系西支中段与南北向构造的复合部位，属滇藏地槽的阿尔卑斯褶皱系南延部，西靠伊洛瓦底江褶皱系的恩梅开江断裂，东接三江褶皱系的怒江大断裂。区内地质构造复杂，褶皱断裂发育。龙陵—瑞丽大断裂及梁河—盈江大断裂，呈西南向相间平行展布的地貌。由于自远古以来的长期地质构造运动，形成了东北—西南走向的一系列褶皱、断裂和变质岩带与岩浆岩带，再经历新生代第三纪后断块的差异性升降，使北部、东部高黎贡山一带迅速抬升，形成险峻高山；西南部抬升缓慢地势相对较低，沿断裂带则发生断陷，形成江河及山间盆地。从而使德宏州山脉的走向、河流的流向和地质构造带方向几乎一致，构成一幅东北—西南方向峻岭峡谷相间排列，高山大河平行急下，盆地与盆地由峡谷串联"一山、一河、一坝"的纵谷地貌。

州内山岭均为横断山、高黎贡山的余脉，呈东北向延伸与境外群山一脉相承。大盈江、瑞丽江穿行其中，北部、东部山势雄伟、河谷深切、水流湍急。州内有 3 条主要支脉，一是大娘山，二是大鹰山，三是高黎贡山尾部主脉。州内一般海拔在 800～2100m，山岭分水线海拔在 2000m 左右，主要的山峰有盈江县北部的大娘山（大雪山），海拔为 3404.6m，盈江县中部的火葫芦坡，海拔为

2665m，盈江县西部的尖峰山，海拔为 2685m，梁河县的癞痢山，海拔有 2672.8m，陇川县与盈江县交界的椿头塘梁子，海拔有 2618m，芒市东部与龙陵县交界的河心梁子，海拔为 2889m。全州北部海拔最高的大娘山向南行海拔逐渐降低，河谷开阔，在山峦河谷中散布着 28 个大小不等的河谷盆地，主要的几大坝区都在南部。海拔最低的羯羊河谷（海拔 210m）位于西部边境。整个地势形成一个北高陡峻、南低宽缓，东北向西南倾斜的大坡面。

（二）气候

德宏州纬度较低，靠近北回归线，属亚热带湿润气候，因东北面有蜿蜒伸长的横断山脉和高黎贡山为天然屏障，故冬春南下的西伯利亚干冷气流不能入境，夏季有印度洋的暖湿气流沿西南倾斜的山地上升凝结降雨，因而水量多，太阳入射角大，光质好，热值高，因此，总体为湿热气候，其主要特点是：

（1）四季无寒暑，冬短夏长，年温差小，日温差大。全州坝区多年平均气温 18.3～20℃，最热出现在 6 月，平均在 22.9～24.4℃，历史最高气温 38.8℃；最冷的 1 月平均气温 11.0～13.0℃，最低气温 –2.9℃，多年平均日温差在 15.0～20.0℃。气温随海拔增高而降低，日照和积温处于低纬度地区，差异不明显。

（2）干、湿季分明，降水量多而集中。全州每年 11 月到次年 4 月主要受来自沙特阿拉伯、伊朗和印度等地沙漠或大陆南支西风带气流控制，天气晴朗，云少日照充足，湿度小风大雨少，形成明显的干季气候。5～10 月南支西风带北退，青藏高压生成，太平洋副热带高压北进西伸，全州在这两个高压的影响下盛行西南季风并越来越强，来自孟加拉湾水汽含量极为丰富的热带海洋气流源源不断北上，在德宏州有利地形的抬升作用下凝结降雨，形成了雨多、湿度大的明显雨季。同时两个高压在州内易形成辐合区，加之低空气团、地形地貌的影响，容易形成大雨、暴雨天气。

德宏州多年平均降水量 1959.4mm。每年的 5 月份以后西南季风在德宏逐步形成，由于受西南暖湿气流影响，降水量多而集中，5～10 月降水量占全年降水量 88%～90%，其中 7 月是全年降水高峰月。另外，由于地形复杂，降水分布不均，单点性大雨、暴雨突出，局部洪涝明显。雨季开始期平均为 5 月下旬，平均最早的是盈江县，最晚的是芝市。德宏雨季开始日期的早、晚一般和西南季风暴发日期早、晚成正比。全年月降水量变幅最大的是 5 月。雨季结束期平均为 10 月下旬～11 月上旬初。11 月至次年 4 月，德宏州主要受南支西风带控制，空气干燥，降水量较少，仅占年降水量的 10%～12%。冬、春干旱较突出。

（三）水文

德宏州有"三江四河"。"三江"即怒江、大盈江、瑞丽江（龙江），"四河"是芒市河、南宛河、户撒河、萝卜坝河。大盈江和瑞丽江属伊洛瓦底江流域，四河皆为大盈江和瑞丽江的支流。全州集水面积大于 1000km² 的河流有 5 条，大于 200km² 的共有 18 条，大于 100km² 的共有 27 条河。怒江干流从芒市东南角擦境而过，州内只有万马河、芒辛河、勐古河等小支流。

（四）土壤

据德宏州第二次土壤普查，州内土壤分为 7 个地带性土类、5 个区域性土类、18 个亚类、49 个土属、53 个土种。

德宏州的地带性土类有 7 类，即亚高山草甸土、棕壤、黄棕壤、黄壤、红壤、赤红壤和砖红壤，共有面积 9172.6027km²。其中，亚高山草甸土有面积 1.7048km²，占土壤面积的 0.02%；棕壤有面积

29.1741km²，占土壤总面积 0.3%；黄棕壤有面积 523.713km²，属棕壤向黄壤过渡的土类，占土壤总面积 5.5%；黄壤有面积 1381.63km²，绝大部分为自然土，占土壤总面积 13.3%；红壤有面积 2672.83km²，占土壤总面积 25.8%；赤红壤有面积 4520.37km²，占土壤总面积的 43.6%，是州内较大的土壤资源；砖红壤有面积 43.1808km²，占土壤总面积的 0.4%。

区域性土类有石灰（岩）土、紫色土、潮土、沼泽土、水稻土 5 个种类，共有面积 1199.967km²。其中石灰（岩）土有面积 48.72km²，占土壤总面积 0.5%；紫色土有面积 170.235km²，占土壤总面积 1.6%；潮土面积有 84.011km²，占土壤总面积 0.9%；沼泽土有面积 0.84km²，占土壤总面积 0.01%；水稻土主要分布于州内"三江四河"沿岸的宽谷平坝，其次少部分分散于山区沟谷及坡岗地带。

（五）植被

德宏州的原始森林已逐步破坏，演变为次生林、灌木林和草坡，森林分布不均，集中在交通不便、人烟稀少及近分水岭地带。

德宏州由于海拔悬殊，地貌多样，具有北热带、亚热带、温带的立体气候特点。植物分布镶嵌交错、种类繁多，形成了不同的森林植被类型。

（1）热带或亚热带季雨林：是德宏州具有代表性的森林植被类型，主要分布在海拔 800m 以下的瑞丽坝、芒市的万马河谷、芒幸河谷以及盈江县那邦坝一带，约占全州总面积的 5.4%。

（2）亚热带常绿阔叶林：是德宏州主要森林类型，主要分布在海拔 800～1500m 的河谷盆地和盆地边缘的半山区，约占全州总面积的 57.2%。

（3）温暖带山地苔藓林：主要分布在海拔 1500～2500m 的各山区，约占全州总面积的 36.1%。

（4）温带高山针叶林：主要分布在德宏海拔 2500m 以上的盈江和潞西少数高山地区，约占全州总面积的 1.3%。

德宏州的森林资源特点是森林类型多样化，林分组成结构复杂，各种地带植被类型相互交错，树种繁多。在梁河县海拔 860～2672m 范围内的不完全统计有 4 种森林植被类型，木本植物有 96 科，608 种。盈江县低海拔的羯羊河一带热带植被类型，植物种类最丰富，在季节雨林单优娑罗双群落中，热性区系植物成分占 94%。其次是中幼林比重大，年蓄积生长量大，但单位面积低。德宏州森林阔叶林多，针叶林少。

另外，德宏州内草场也较为丰富，据德宏州蓄牧医站草山普查队调查统计，全州共有各类型草场毛面积 7351.768km²，其中可利用面积为 4078.671km²，占草场毛面积的 55.5%。

三、人口与社会经济状况

（一）人口状况

据《云南统计年鉴 2014》[2]，德宏州 2013 年年末总人口为 124.50 万人，占全省总人口（4688.6 万人）的 2.66%。其中，城镇人口 48.18 万人，城镇化水平 38.70%，低于云南省平均水平 40.48% 和全国平均水平 53.73%，在全省 16 个市（州）中排名第 7 位。全州有 7 个主要民族， 2013 年年末少数民族人口达 59.86 万人，占德宏州总人口的 48.08%；少数民族人口以傣、景颇、傈僳、阿昌、德昂 5 个民族相对较多，2013 年末傣族人口 35.89 万人，景颇族人口 13.77 万人，是除汉族之外人口最多的两个少数民族。2013 年人口密度 111.4 人/km²，低于云南省平均水平（122.4 人/km²）。

各县（市）2013 年年末总人口、城镇人口、农村人口、城市化率、人口密度等主要指标见表 5-1。

表 5-1 德宏州 2013 年末人口情况

行政区	总人口/人	城镇人口/人	农村人口/人	城市化率/%	人口密度/（人/km²）
德宏州	1 245 000	481 820	763 180	38.70	111.4
芒 市	399 956	169 301	230 655	42.33	137.9
瑞丽市	191 018	112 114	78 904	58.69	202.2
梁河县	156 717	41 248	115 469	26.32	137.9
盈江县	311 083	102 032	209 051	32.80	72.1
陇川县	186 226	57 125	129 101	30.68	99.4

（二）社会经济状况

据统计[2]，2013 年全州 GDP 为 230.90 亿元，占全省 GDP 总量（11 720.91 亿元）的 1.97%，在全省 16 个市（州）中排名第 14 位。其中，第一产业产值 67.34 亿元，占 GDP 的 29.16%；第二产业产值 74.88 亿元，占 GDP 的 32.43%；第三产业产值 88.68 亿元，占 GDP 的 38.41%。人均 GDP 为 18 666 元，低于全省平均水平（25 083 元/人）和全国平均水平（41 908 元/人），在全省 16 个市（州）中排名第 10 位。2013 年德宏州农民人均纯收入仅 5608 元，低于全省平均水平（6141 元/人）和全国平均水平（8896 元/人），在全省 16 个市（州）中排名第 12 位。德宏州经济社会发展迅速，但全州国民经济各县（市）之间发展不平衡，经济发展水平滞后于全省平均发展水平。从经济发展现状来看，2013 年德宏人均 GDP 还较低，现阶段德宏州工业化还处于初级产品生产阶段。

各县（市）2013 年主要社会经济指标见表 5-2 和表 5-3。

表 5-2 德宏州 2013 年地区生产总值

行政区	地区生产总值/万元				人均地区生产总值/（元/人）
	合计	第一产业	第二产业	第三产业	
德宏州	2 309 015	657 554	748 811	902 650	18 663
芒 市	724 426	189 675	222 218	312 533	18 225
瑞丽市	471 246	85 243	97 363	288 640	24 960
梁河县	158 033	54 270	37 005	66 758	10 124
盈江县	662 133	200 602	304 299	157 232	21 366
陇川县	306 751	127 764	91 680	87 307	16 599

表 5-3 德宏州 2013 年农业生产与农村经济状况

行政区	农业生产总值/万元	其中：农业产值/万元	粮食总产量/t	人均粮食产量（按总人口计）/（kg/人）	农民人均纯收入/（元/人）
德宏州	673 392	383 002	752 670	604.6	5608
芒 市	194 208	100 246	228 424	571.1	5801
瑞丽市	87 273	33 788	94 564	495.1	6622
梁河县	57 375	29 550	66 915	427.0	4355
盈江县	206 067	131 458	213 063	684.9	6562
陇川县	128 469	87 960	149 704	803.9	4946

四、土地利用现状

根据 2013 年度全国土地变更调查成果，全州土地总面积 1 117 223.57hm²。其中农用地 1 032 566.82hm²，占全州土地总面积 92.42%；建设用地 34 916.89hm²，占全州土地总面积的 3.13%；其他土地共 49 739.86hm²，占全州土地总面积 4.45%（表 5-4）。农用地中，耕地 184 618.80hm²，园地 39 910.74hm²，林地 764 561.08hm²，牧草地 417.10hm²，其他农用地 43 059.10hm²。建设用地中，城乡建设用地 28 910.78hm²，交通水利用地 4764.90hm²，其他建设用地 1241.21hm²。其他土地中，水域 14 707.17hm²，自然保留地 35 032.69hm²。

表 5-4　德宏州 2013 年末各类土地利用面积　　　　　　　　　　　单位：hm²

| 县（市） | 土地总面积 | 农用地 | | | | | | 建设用地 | | | | 其他土地 |
		小计	耕地	园地	林地	牧草地	其他农用地	小计	城乡建设用地	交通水利用地	其他建设用地	
德宏州	1 117 223.57	1 032 566.82	184 618.80	39 910.74	764 561.08	417.10	43 059.10	34 916.89	28 910.78	4764.90	1241.21	49 739.86
芒市	290 091.10	262 821.65	55 102.18	16 890.96	175 833.07	19.10	14 976.34	10 772.91	8911.19	1527.80	333.92	16 496.54
瑞丽市	94 474.78	86 196.72	16 761.69	10 068.02	56 158.31	0.00	3208.70	6575.75	5882.75	543.84	149.16	1702.31
梁河县	113 669.41	106 452.30	21 819.17	3 377.65	74 892.34	0.00	6363.14	3280.14	2854.70	315.25	110.19	3936.97
盈江县	431 697.32	402 742.92	46 421.58	7 715.90	338 530.20	398.00	9677.24	7458.02	5964.77	1232.29	260.96	21 496.38
陇川县	187 290.96	174 353.23	44 514.18	1 858.21	119 147.16	0.00	8833.68	6830.07	5297.37	1145.72	386.98	6107.66

据调查[1]，德宏州坝区面积 131 436.17hm²，占全州土地总面积 11.76%。主要坝区包括芒市的芒市坝、遮放坝、轩岗坝、丙茂坝等 7 个坝子，瑞丽市的瑞丽坝、勐秀坝等 3 个坝子，梁河县的遮岛坝、芒东坝、勐养坝等 10 个坝子，盈江县的盈江坝、盏西坝、昔马坝等 10 个坝子，以及陇川县的陇川坝、户撒坝等 3 个坝子。其中，以盈江坝面积最大，面积达 36 771.08hm²，占全州坝区面积的 27.98%；次为陇川坝，面积 26 720.74hm²，占全州坝区面积 20.33%；再次为瑞丽坝和芒市坝，面积分别 17 826.39hm² 和 14 969.56hm²，分别占全州坝区面积 13.56% 和 11.39%；其中面积最小的是曩宋坝，面积为 105.34hm²，占全州坝区面积 0.08%。从县（市）坝区分布来看，各县（市）均有一定面积的坝区分布（表 5-5），尤以盈江县、陇川县和芒市较多，分别达 44 354.63hm²、31 333.17hm² 和 26 883.17hm²，分别占全州 33.75%、23.84% 和 20.45%；瑞丽市坝区面积为 19 640.66 hm²，占全州 14.94%；梁河县坝区面积较少，只有 9224.54hm²，占全州 7.02%。在土地利用上，这些坝区既是耕地（尤其是水田和水浇地等优质耕地）的集中分布区域，是全州的粮仓和菜园之所在，也是全州建设用地（尤其是城镇建设用地）的主要分布区域，因此，坝区耕地保护与非农建设占用耕地的矛盾日益突出。

表 5-5　德宏州各县（市）坝区面积统计

县（市）	坝区面积/hm²	占全州坝区总面积比例/%	占土地总面积比例/%
芒　市	26 883.17	20.45	9.27
瑞丽市	19 640.66	14.94	20.79
梁河县	9 224.54	7.02	8.12
盈江县	44 354.63	33.75	10.27
陇川县	31 333.17	23.84	16.73
德宏州合计	131 436.17	100.00	11.76

第二节　评价范围的确定

根据云南省国土资源厅制定的《云南省完善县乡级土地利用总体规划技术指南（试行稿）》，需要对全州主要城镇周边或者坝区周边的缓坡山地进行城镇建设用地适宜性评价。按照德宏州各县（市）城镇建设实际情况和土地利用特点，本研究针对德宏州全部山区进行适宜性评价。

这里的山区概念是相对于云南俗称的"坝区"而言的，坝区（或称"坝子"）是指坡度不足 8°、连片面积 1km² 以上的山间盆地、谷地和其他平地，而"山区"是指整个辖区内各坝区范围之外、坡度大于 8°的区域[3, 4]。

利用 ArcGIS9.3 软件提取各县（市）第二次土地调查数据库（1：10 000 土地利用现状图）中各坝区范围之外、坡度大于 8°的区域范围，经统计，本书评价的区域范围（全州山区，图 5-1）总面积为 985 787.40hm²[1, 3, 4]，占全州土地总面积 88.24%（表 5-6）。

图 5-1　德宏州山区建设用地适宜性评价范围示意图

表 5-6　德宏州各县（市）山区面积及其比例

县（市）	土地总面积/hm²	山区面积/hm²	占全州山区总面积比例/%	山区占土地总面积比例/%
芒　市	290 091.10	263 207.93	26.70	90.73
瑞丽市	94 474.78	74 834.12	7.59	79.21
梁河县	113 669.41	104 444.87	10.60	91.88
盈江县	431 697.32	387 342.69	39.29	89.73
陇川县	187 290.96	155 957.79	15.82	83.27
合计	1 117 223.57	985 787.40	100.00	88.24

第三节　评价单元的选择

评价单元亦称评价对象，是土地适宜性评价的最小单位，有着明显空间界线，是一个由影响土地质量各类因素有机组成的空间实体。通常而言，同一评价单元内的土地基本属性具有一致性，即土地自然属性、利用方式、生产水平和管理特点是相同的。反之，不同的评价单元均有各自独特的自然属性和管理特点。土地适宜性评价的结果最终由评价单元反映出来。评价单元的选择和划分一般受调查精度的制约。这些年来，划分评价单元的方法主要有 4 种[5]：①土壤图为基础来确定评价单元；②土地类型图为基础来确定评价单元；③土地利用现状图为基础来确定评价单元；四是以地理网格为评价单元。

基于本书山区城镇建设用地适宜性评价的实际需要，并考虑德宏州实际，本书的评价单元一般采用州域各县（市）第二次土地调查的地块——1：10000 土地利用现状图中的"现状土地利用图斑"。如果图斑面积较大并跨越几个坡度级时，则以坡度级（分为小于 8°，8°～15°，15°～25°和大于 25°）为界，分割为几个评价单元。

第四节　基础数据和图件来源

山区城镇建设用地适宜性评价是一项非常复杂的技术工作，涉及诸多评价指标及其基础数据资料。本书中德宏州评价工作中各类基础数据和图件均有来源。

（1）德宏州各县（市）第二次土地调查数据库。来源于全国统一部署完成的县级第二次全国土地调查成果。该数据库中包含了各县（市）1：10 000 土地利用现状图及其各地类图斑面积等相关属性数据、1：10 000 坡度图（分为 5 级[6]）。

（2）德宏州各县（市）1：10 000 坝区范围图。来自云南省 2011 年 12 月统一完成的"云南省连片面积 1km² 以上坝子范围界线核定和地类面积核实工作成果数据库"。

（3）德宏州各县（市）土地利用总体规划图。来源于全国统一部署完成的州县乡三级土地利用总体规划修编（2006～2020 年）数据库。包含 1：10 000 土地利用总体规划图、基本农田保护规划图、建设用地管制分区图等。

（4）区域地质图空间数据库和地质灾害防治规划图。来源于 2012 年德宏州及各县（市）政府组织完成的《德宏傣族景颇族自治州地质灾害防治规划（2011—2020 年）》和各县（市）地质灾害防治规划（2011～2020 年）成果。

（5）矿产资源分布图、矿产资源开发利用与保护规划图。来自 2009 年德宏州及各县（市）政府组织完成的《德宏傣族景颇族自治州矿产资源总体规划（2008—2020 年）》和各县（市）矿产资源总体规划（2008—2020 年）成果数据库（含图件）。

（6）生态功能区划图。来自德宏州政府 2012 年 4 月组织完成的《德宏傣族景颇族自治州生态州建设规划》成果。

（7）林地保护利用规划图或生态公益林分布图。来源于各县（市）2011～2012 年完成的县级林地保护利用规划成果。

（8）城镇规划图、交通规划图等其他相关基础图件和数据均来自州直部门和县（市）职能部门主持完成的相关调查与规划成果。

第五节 评价的基本结果

根据前述评价方法和步骤，以各县（市）第二次土地调查 1：10 000 土地利用现状图的基本图斑为评价单元，以地形坡度图、地质灾害防治规划图、区域地质图空间数据库、矿产资源分布图或矿产资源开发利用与保护规划、土地利用总体规划图、生态功能区划图、林地保护利用规划图或生态公益林分布图、城镇规划图、交通规划图等基础图件和数据为依据，运用 ArcGIS9.3 软件对德宏州山区每一评价单元图斑进行城镇建设用地适宜性评价，得到评价结果。

（1）德宏州各县（市）、乡（镇）山区建设用地适宜性等级面积及比例（表 5-7～表 5-12）。

表 5-7 德宏州山区建设用地适宜性等级面积

县（市）	山区面积 /hm²	宜建地面积		其中			不宜建土地	
		合计 /hm²	占山区面积比例/%	一等宜建地/hm²	二等宜建地/hm²	三等宜建地/hm²	合计 /hm²	占山区面积比例/%
芒 市	263 207.93	61 563.37	23.39	7100.23	17100.37	37 362.77	201 644.56	76.61
瑞丽市	74 834.12	27 688.71	37.00	2387.15	9287.48	16 014.08	47 145.41	63.00
梁河县	104 444.87	11 304.34	10.82	1215.69	5584.30	4504.35	93 140.53	89.18
盈江县	387 342.69	20 830.88	5.38	3583.56	5555.04	11 692.28	366 511.81	94.62
陇川县	155 957.79	20 288.70	13.01	2426.80	8722.99	9 138.91	135 669.09	86.99
合计	985 787.40	141 676.00	14.37	16 713.43	46 250.18	78 712.39	844 111.40	85.63

表 5-8 芒市山区建设用地适宜性等级面积

乡（镇）	山区面积 /hm²	宜建地面积		其中			不宜建土地	
		合计 /hm²	占山区面积比例/%	一等宜建地/hm²	二等宜建地/hm²	三等宜建地/hm²	合计 /hm²	占山区面积比例/%
芒市镇	31 023.00	7 974.56	25.71	544.71	3328.11	4101.74	23 048.44	74.29
遮放镇	35 246.75	14 663.00	41.60	2097.89	2843.47	9721.64	20 583.75	58.40
勐戛镇	34 364.17	10 100.30	29.39	570.31	4129.65	5400.34	24 263.87	70.61
芒海镇	10 630.91	994.24	9.35	130.45	334.99	528.80	9 636.67	90.65
风平镇	29 040.55	11 244.86	38.72	2834.88	2796.52	5613.46	17 795.69	61.28
轩岗乡	13 502.38	8102.32	60.01	552.66	2019.77	5529.89	5400.06	39.99
江东乡	21 962.97	480.66	2.19	2.79	45.23	432.64	21 482.31	97.81

续表

乡（镇）	山区面积 /hm²	宜建地面积		其中			不宜建土地	
		合计 /hm²	占山区面积 比例/%	一等宜 建地/hm²	二等宜 建地/hm²	三等宜 建地/hm²	合计 /hm²	占山区面积比 例/%
西山乡	25 239.83	4509.56	17.87	301.75	781.51	3426.30	20 730.27	82.13
中山乡	27 940.00	0.00	0.00	0.00	0.00	0.00	27 940.00	100.00
三台山乡	14 659.67	2276.28	15.53	56.90	713.02	1506.36	12 383.39	84.47
五岔路乡	19 597.70	1217.59	6.21	7.89	108.10	1101.60	18 380.11	93.79
合计	263 207.93	61 563.37	23.39	7100.23	17 100.37	37 362.77	201 644.56	76.61

注：表中的芒市镇包含了目前的勐焕街道办事处。

表 5-9　瑞丽市山区建设用地适宜性等级面积

乡（镇）	山区面积 /hm²	宜建地面积		其中			不宜建土地	
		合计 /hm²	占山区面积 比例/%	一等宜 建地/hm²	二等宜 建地/hm²	三等宜 建地/hm²	合计 /hm²	占山区面积 比例/%
勐卯镇	13 571.09	3773.35	27.80	612.60	947.65	2213.10	9797.74	72.20
畹町镇	7869.53	2382.96	30.28	475.73	492.58	1414.65	5486.57	69.72
弄岛镇	6623.21	2343.37	35.38	204.84	883.30	1255.23	4279.84	64.62
姐相乡	1687.12	1467.91	87.01	154.55	952.38	360.98	219.21	12.99
户育乡	20 324.41	9068.15	44.62	535.20	3204.47	5328.48	11 256.26	55.38
勐秀乡	24 758.76	8652.97	34.95	404.23	2807.10	5441.64	16 105.79	65.05
合计	74 834.12	27 688.71	37.00	2387.15	9287.48	16 014.08	47 145.41	63.00

表 5-10　梁河县山区建设用地适宜性等级面积

乡（镇）	山区面积 /hm²	宜建地面积		其中			不宜建土地	
		合计 /hm²	占山区面积 比例/%	一等宜 建地/hm²	二等宜 建地/hm²	三等宜 建地/hm²	合计 /hm²	占山区面积 比例/%
遮岛镇	4 684.29	508.95	10.87	48.63	401.00	59.32	4175.34	89.13
芒东镇	17 468.33	5192.96	29.73	360.07	2417.30	2415.59	12 275.37	70.27
勐养镇	22 857.62	2182.10	9.55	161.28	1216.35	804.47	20 675.52	90.45
平山乡	12 416.42	146.99	1.18	141.38	4.99	0.62	12 269.43	98.82
小厂乡	5 177.39	72.33	1.40	0.75	11.41	60.17	5105.06	98.60
大厂乡	8 494.11	0.00	0.00	0.00	0.00	0.00	8494.11	100.00
九保乡	12 682.60	929.63	7.33	44.18	523.93	361.52	11 752.97	92.67
曩宋乡	9 666.22	900.10	9.31	85.12	611.71	203.27	8766.12	90.69
河西乡	10 873.56	1335.41	12.28	349.22	388.89	597.30	9538.15	87.72
其他	124.33	35.87	28.85	25.06	8.72	2.09	88.46	71.15
合计	104 444.87	11 304.34	10.82	1215.69	5584.30	4504.35	93 140.53	89.18

表 5-11 盈江县山区建设用地适宜性等级面积

乡（镇）	山区面积/hm²	宜建地面积		其中			不宜建土地	
		合计/hm²	占山区面积比例/%	一等宜建地/hm²	二等宜建地/hm²	三等宜建地/hm²	合计/hm²	占山区面积比例/%
平原镇	29 928.59	4990.12	16.67	946.89	1201.44	2841.79	24 938.47	83.33
旧城镇	8951.71	1217.77	13.60	74.89	466.17	676.71	7733.94	86.40
那邦镇	8595.41	232.15	2.70	99.77	23.43	108.95	8363.26	97.30
弄璋镇	23 433.76	1916.70	8.18	339.12	715.80	861.78	21 517.06	91.82
盏西镇	33 047.36	1586.67	4.80	56.33	351.44	1178.90	31 460.69	95.20
卡场镇	34 380.40	280.87	0.82	27.93	55.03	197.91	34 099.53	99.18
昔马镇	21 152.59	1539.82	7.28	891.96	81.00	566.86	19 612.77	92.72
太平镇	34 709.52	2823.54	8.13	488.02	1095.15	1240.37	31 885.98	91.87
新城乡	25 943.08	2305.93	8.89	275.34	647.73	1382.86	23 637.15	91.11
油松岭乡	8127.34	0.00	0.00	0.00	0.00	0.00	8127.34	100.00
芒章乡	25 378.02	1048.43	4.13	35.08	383.76	629.59	24 329.59	95.87
支那乡	36 390.57	557.92	1.53	34.41	158.03	365.48	35 832.65	98.47
苏典乡	45 849.93	768.02	1.68	46.68	96.72	624.62	45 081.91	98.32
勐弄乡	21 629.54	1317.56	6.09	233.86	228.62	855.08	20 311.98	93.91
铜壁关乡	29 824.87	245.38	0.82	33.28	50.72	161.38	29 579.49	99.18
合计	387 342.69	20 830.88	5.38	3583.56	5555.04	11 692.28	366 511.81	94.62

表 5-12 陇川县山区建设用地适宜性等级面积

乡（镇）	山区面积/hm²	宜建地面积		其中			不宜建土地	
		合计/hm²	占山区面积比例/%	一等宜建地/hm²	二等宜建地/hm²	三等宜建地/hm²	合计/hm²	占山区面积比例/%
章凤镇	3224.41	3169.61	98.30	881.27	1305.28	983.06	54.80	1.70
陇把镇	15 256.12	1332.68	8.74	65.11	507.83	759.74	13 923.44	91.26
景罕镇	20 495.97	6945.73	33.89	518.12	3403.17	3024.44	13 550.24	66.11
城子镇	16 081.12	3734.87	23.23	362.18	1528.80	1843.89	12 346.25	76.77
户撒乡	21 130.80	2453.58	11.61	435.61	916.30	1101.67	18 677.22	88.39
护国乡	15 679.01	326.19	2.08	7.36	132.02	186.81	15 352.82	97.92
清平乡	18 496.08	2326.04	12.58	157.15	929.59	1239.30	16 170.04	87.42
王子树乡	25 656.44	0.00	0.00	0.00	0.00	0.00	25 656.44	100.00
勐约乡	19 937.84	0.00	0.00	0.00	0.00	0.00	19 937.84	100.00
合计	155 957.79	20 288.70	13.01	2426.80	8722.99	9138.91	135 669.09	86.99

（2）德宏州山区建设用地适宜性评价图（附图）以及各县（市）山区城镇建设用地适宜性评价图（图 5-2～图 5-6）。

（3）德宏州及各县（市）山区建设用地适宜性评价数据库（略）。

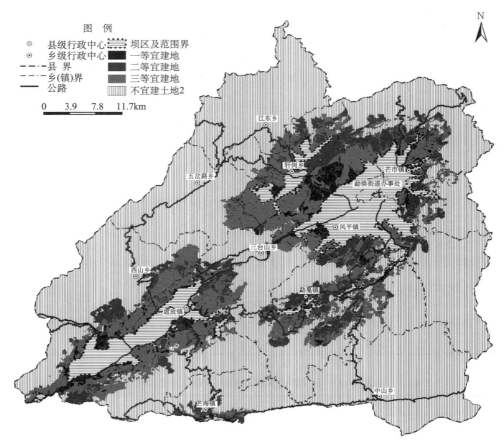

图 5-2　芒市山区城镇建设用地适宜性评价示意图

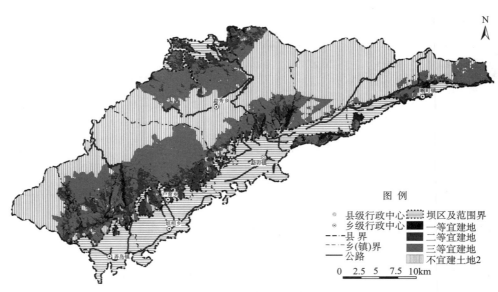

图 5-3　瑞丽市山区城镇建设用地适宜性评价示意图

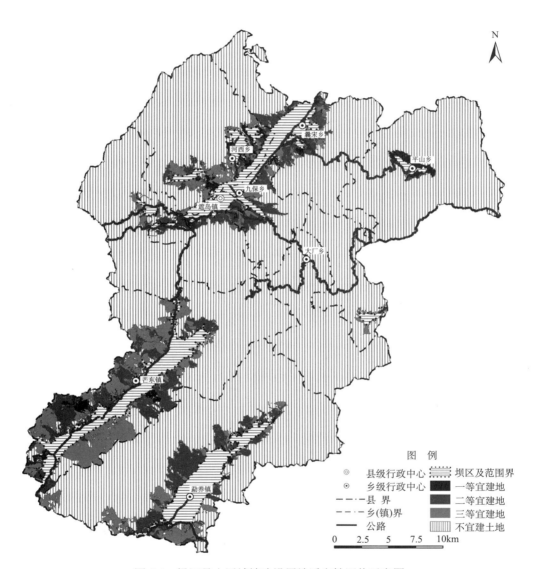

图 5-4　梁河县山区城镇建设用地适宜性评价示意图

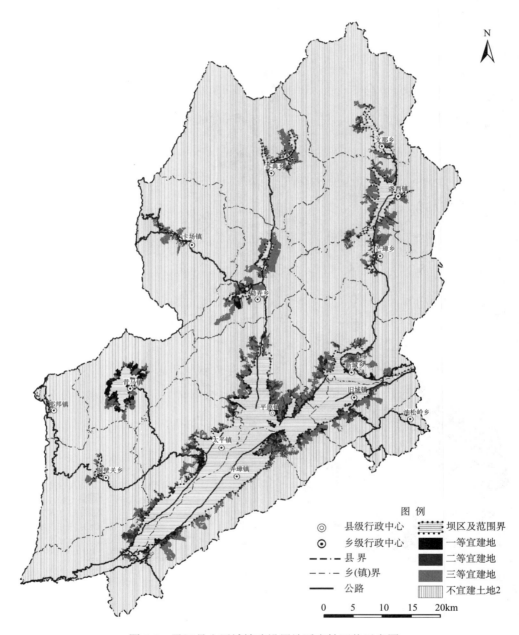

图 5-5　盈江县山区城镇建设用地适宜性评价示意图

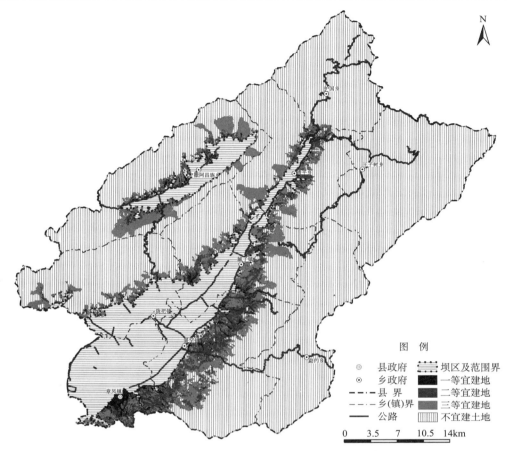

图 5-6　陇川县山区城镇建设用地适宜性评价示意图

第六节　德宏州山区建设用地适宜性状况分析

一、全州山区城镇建设用地适宜性等级面积及比例分析

（一）宜建地与不宜建地面积及比例

本书评价结果表明，德宏州山区宜建地面积达 141 676.00hm²，占全州山区土地总面积 14.37%；不宜建土地 844 111.40hm²，占全州山区土地总面积 85.63%。各县（市）宜建地与不宜建地面积及比例有较大差异。从宜建地面积（表 5-7）来看，全州以芒市最多，其面积达 61 563.37hm²，占全州山区宜建地 43.45%；次为瑞丽市，山区宜建地面积 27 688.71hm²，占全州 19.54%；盈江县和陇川县山区宜建地面积分别 20830.88hm² 和 20288.70hm²，分别占全州山区宜建地 14.70% 和 14.32%；梁河县山区宜建地面积亦有 11 304.34hm²，占全州山区宜建地 7.98%。从各县（市）山区宜建地比例（图 5-7）来看，全州以瑞丽市最高，达 37.00%；次为芒市，其宜建地比例为 23.39%；再次为陇川县和梁河县，其宜建地比例分别为 13.01% 和 10.82%；而以盈江县相对较低，其宜建地比例为 5.38%。

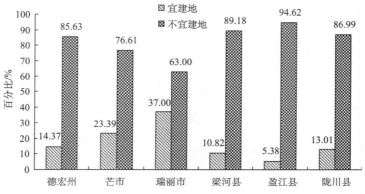

图 5-7　德宏州及各县（市）山区宜建地与不宜建地比例比较

（二）宜建地分级面积及比例

在德宏州山区宜建地中，一等宜建地 16 713.43hm²，占宜建地的 11.80%；二等宜建地 46 250.18hm²，占宜建地的 32.65%；三等宜建地 78 712.39hm²，占宜建地的 55.56%。可见，德宏州山区宜建地以三等宜建地为主，一等宜建地、二等宜建地和三等宜建地的构成比例约为 12∶33∶55。

各县（市）宜建地分级面积有较大差异。从一等宜建地面积（表 5-7）来看，全州以芒市最多，其面积达 7100.23hm²，占全州山区一等宜建地 42.48%；次为盈江县，其山区一等宜建地面积为 3583.56hm²，占全州 21.44%；瑞丽市和陇川县山区一等宜建地面积分别为 2387.15hm² 和 2426.80hm²，分别占全州山区一等宜建地 14.28% 和 14.52%；梁河县山区一等宜建地面积亦有 1215.69hm²，占全州山区一等宜建地 7.27%。从二等宜建地面积来看，亦以芒市最多，其面积达 17 100.37hm²，占全州山区二等宜建地 36.97%；次为瑞丽市和陇川县，其山区二等宜建地面积分别 9287.48hm² 和 8722.99hm²，分别占全州 20.08% 和 18.86%；梁河县和盈江县山区二等宜建地面积分别 5584.30hm² 和 5555.04hm²，分别占全州山区二等宜建地 12.07% 和 12.01%。就三等宜建地面积而言，同样以芒市最多，其面积达 37 362.77hm²，占全州山区三等宜建地 47.47%；次为瑞丽市，其山区三等宜建地面积 16 014.08hm²，占全州 20.35%；盈江县和陇川县山区三等宜建地面积分别 11 692.28hm² 和 9138.91hm²，分别占全州山区三等宜建地 14.85% 和 11.61%；梁河县山区三等宜建地面积相对较少，4504.35hm²，占全州山区三等宜建地 5.72%。

各县（市）宜建地各等级比例亦有明显差异。从各县（市）山区一等宜建地比例（图 5-8）来看，全州以盈江县相对较高，17.20%；次为陇川县、芒市和梁河县，其一等宜建地比例分别 11.96%、11.53%

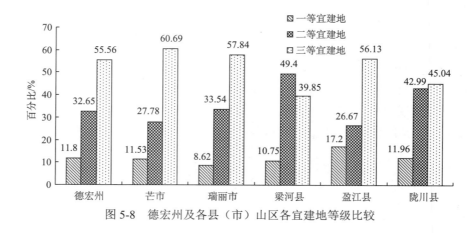

图 5-8　德宏州及各县（市）山区各宜建地等级比较

和 10.75%；而以瑞丽市相对较低，其一等宜建地比例 8.62%。就山区二等宜建地比例而言，全州以梁河县和陇川县较高，分别 49.40% 和 42.99%；次为瑞丽市，其二等宜建地比例 33.54%；芒市和盈江县二等宜建地比例分别 27.78% 和 26.67%。再从各县（市）山区三等宜建地比例来看，全州以芒市最高，达 60.69%；次为瑞丽市和盈江县，其三等宜建地比例分别 57.84% 和 56.13%；陇川县和梁河县三等宜建地比例亦分别达 45.04% 和 39.85%。

（三）不宜建山地的限制因子情况

经对德宏州山区建设用地适宜性评价成果数据库进行统计与分析，表 5-7 显示的不宜建山地的限制因子构成情况（图 5-9）为：

（1）坡度大于 25°、水土流失特别严重的陡坡地，面积 263 705.00hm^2，占不宜建山地面积 31.24%。

（2）因岩性、土质、水文条件与地基承载力低，有地质灾害点分布，生态敏感度高等限制而造成的不宜建面积 580 406.40hm^2，占不宜建山地面积 68.76%。

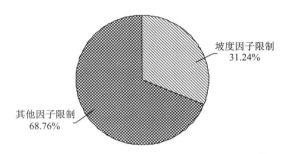

图 5-9　德宏州山区不宜建山地的限制因子比较

这一评价结果表明，对大于 25° 陡坡地及因其他因素限制而不适宜建设土地实施生态保护，避免建设对生态环境带来的影响和破坏；对小于 25° 缓坡地采取水土保持型技术工程等有利措施，将是德宏州实现土地资源可持续利用和城镇可持续发展的主导性战略措施。

二、各乡（镇）适宜性等级面积及比例的差异性分析

（一）各乡（镇）宜建地面积及比例的差异性

1. 各乡（镇）宜建地面积的差异性

尽管德宏州总体上宜建地资源丰富，但各乡（镇）宜建地面积差异很大：全州宜建地面积最多的是芒市遮放镇，达 14 663.00hm^2；次为风平镇和勐戛镇，其宜建地面积分别为 11 244.86hm^2 和 10 100.30hm^2；较少的是江东乡、护国乡、卡场镇、铜壁关乡、那邦镇、平山乡、小厂乡，其宜建地面积均在 500hm^2 以下，而中山乡、大厂乡、油松岭乡、王子树乡、勐约乡则缺乏宜建地分布。

根据各乡（镇）宜建地面积的大小，将德宏州 50 个乡（镇）宜建地面积分为 5 个级别，分级标准见表 5-13。分级结果（图 5-10 和图 5-11）表明，全州 50 个乡（镇）宜建地面积超过 7500hm^2 有 7 个乡（镇），占统计乡（镇）总数（50 个）14%；宜建地面积 4500～7500hm^2 有 4 个乡（镇），占统计乡（镇）总数 8%；宜建地面积 1500～4500 hm^2 有 14 个乡（镇），占统计乡（镇）总数 28%；宜建地面积 500～1500hm^2 有 13 个乡（镇），占统计乡（镇）总数 26%；宜建地面积不足 500hm^2 有 12 个乡（镇），占统计乡（镇）总数 24%。

表 5-13　德宏州乡（镇）级宜建地面积分级及其乡（镇）数统计表

宜建地面积 /hm^2	分级体系				
	超过 7500	7500～4500	4500～1500	1500～500	小于 500
宜建地面积分级	I	II	III	IV	V
乡（镇）数/个	7	4	14	13	12

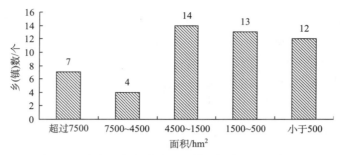

图 5-10　德宏州各宜建地面积等级的乡（镇）数对比

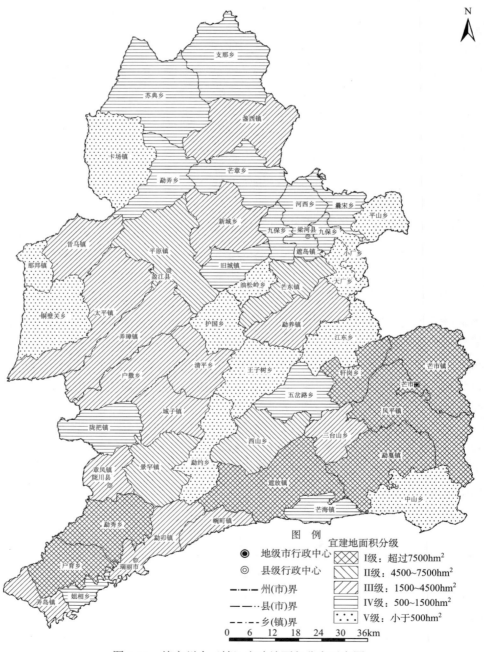

图 5-11　德宏州乡（镇）宜建地面积分布示意图

2. 各乡（镇）宜建地比例的差异性

从宜建地面积占山区面积的比例（简称"宜建地比例"）来看，各乡（镇）亦差异较大：全州宜建地比例最大的是陇川县章凤镇，达 98.30%；次为瑞丽市姐相乡和芒市轩岗乡，其宜建地比例分别 87.01%和 60.01%；较少的是盏西镇、芒章乡、那邦镇、江东乡、护国乡、苏典乡、支那乡、小厂乡、平山乡、卡场镇、铜壁关乡、中山乡、大厂乡、油松岭乡、王子树乡、勐约乡，其宜建地比例均在 5%以下。

根据各乡（镇）宜建地比例高低，将德宏州 50 个乡（镇）宜建地比例分为 5 个级别，分级标准见表 5-14。分级结果（图 5-12 和图 5-13）表明，全州 50 个乡（镇）宜建地比例超过 50%有 3 个乡（镇），占统计乡（镇）总数（50 个）6%；宜建地比例 30%～50%有 7 个乡（镇），占统计乡（镇）总数 14%；宜建地比例 10%～30%有 13 个乡（镇），占统计乡（镇）总数 26%；宜建地比例 5%～10%有 11 个乡（镇），占统计乡（镇）总数 22%；宜建地比例小于 5%有 16 个乡（镇），占统计乡（镇）总数 32%。

表 5-14　德宏州乡（镇）级宜建地比例分级及其乡（镇）数统计表

宜建地比例/%	分级体系				
	超过 50	50～30	30～10	10～5	小于 5
宜建地比例分级	I	II	III	IV	V
乡（镇）数/个	3	7	13	11	16

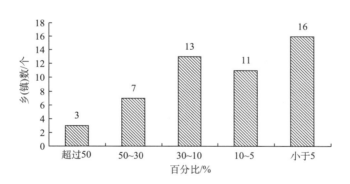

图 5-12　德宏州各宜建地比例等级的乡（镇）数对比

（二）各乡（镇）一等宜建地面积及比例的差异性

1. 各乡（镇）一等宜建地面积的差异性

在德宏山区，虽然总体宜建地丰富，但质量优越的一等宜建地不很多，且各乡（镇）一等宜建地面积差异很大：全州一等宜建地面积最多的是芒市风平镇，达 2834.88hm²；次为遮放镇，其一等宜建地面积为 2097.89hm²；较少的是那邦镇、曩宋乡、旧城镇、陇把镇、三台山乡、盏西镇、遮岛镇、苏典乡、九保乡、芒章乡、支那乡、铜壁关乡、卡场镇、五岔路乡、护国乡、江东乡、小厂乡、中山乡、大厂乡、油松岭乡、王子树乡、勐约乡，其一等宜建地面积均在 100hm² 以下。

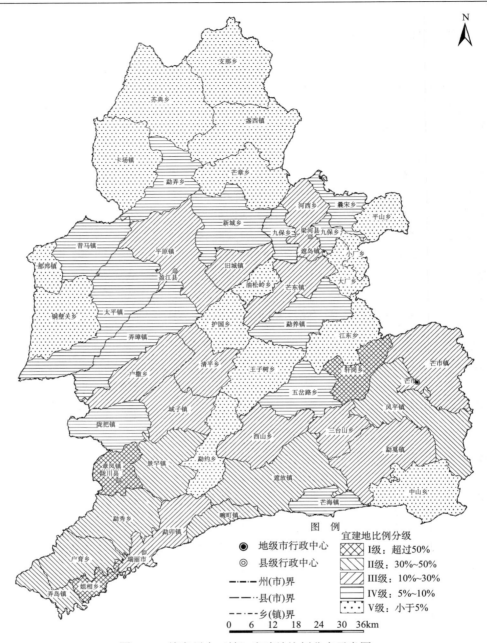

图 5-13　德宏州乡（镇）宜建地比例分布示意图

　　根据各乡（镇）一等宜建地面积的大小，将德宏州 50 个乡（镇）一等宜建地面积分为 5 个级别，分级标准见表 5-15。分级结果（图 5-14 和图 5-15）表明，全州 50 个乡（镇）一等宜建地面积超过

表 5-15　德宏州乡（镇）级一等宜建地面积分级及其乡（镇）数统计表

一等宜建地面积/hm²	分级体系				
	超过 1000	1000～500	500～300	300～100	小于 100
一等宜建地面积分级	I	II	III	IV	V
乡（镇）数/个	2	9	9	8	22

1000hm² 有 2 个乡（镇），占统计乡（镇）总数（50 个）4%；一等宜建地面积 500～1000hm² 有 9 个乡（镇），占统计乡（镇）总数 18%；一等宜建地面积 300～500hm² 有 9 个乡（镇），占统计乡（镇）总数 18%；一等宜建地面积 100～300hm² 有 8 个乡（镇），占统计乡（镇）总数 16%；一等宜建地面积小于 100hm² 有 22 个乡（镇），占统计乡（镇）总数的 44%。

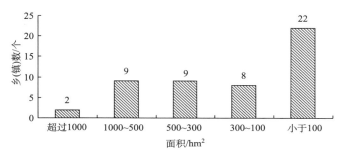

图 5-14　德宏州各一等宜建地面积等级的乡（镇）数对比

图 5-15　德宏州乡（镇）一等宜建地面积分布示意图

2. 各乡（镇）一等宜建地比例的差异性

从一等宜建地面积占宜建地总面积的比例（简称一等宜建地比例）来看，各乡（镇）亦差异较大：全州一等宜建地比例最大的是梁河县平山乡，达 96.18%；次为盈江县昔马镇，其一等宜建地比例 57.93%；较少的是陇把镇、九保乡、勐秀乡、盏西镇、芒章乡、三台山乡、护国乡、小厂乡、五岔路乡、江东乡、中山乡、大厂乡、油松岭乡、王子树乡、勐约乡，其一等宜建地比例均在 5%以下。

根据各乡（镇）一等宜建地比例的高低，将德宏州 50 个乡（镇）一等宜建地比例分为 5 个级别，分级标准见表 5-16。分级结果（图 5-16 和图 5-17）表明，全州 50 个乡（镇）一等宜建地比例超过 30%有 3 个乡（镇），占统计乡（镇）总数（50 个）6%；一等宜建地比例 20%~30%有 3 个乡（镇），占统计乡（镇）总数 6%；一等宜建地比例 10%~20%有 12 个乡（镇），占统计乡（镇）总数 24%；一等宜建地比例 5%~10%有 17 个乡（镇），占统计乡（镇）总数 34%；一等宜建地比例小于 5%有 15 个乡（镇），占统计乡（镇）总数 30%。

表 5-16　德宏州乡（镇）级一等宜建地比例分级及其乡（镇）数统计表

一等宜建地比例/%	分级体系				
	超过 30	30~20	20~10	10~5	小于 5
一等宜建地比例分级	I	II	III	IV	V
乡（镇）数/个	3	3	12	17	15

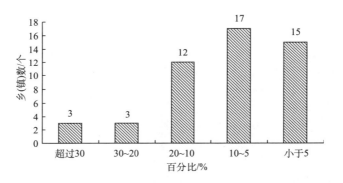

图 5-16　德宏州各一等宜建地比例等级的乡（镇）数对比

（三）各乡（镇）二等宜建地面积及比例的差异性

1. 各乡（镇）二等宜建地面积的差异性

从二等宜建地面积来看，各乡（镇）的分布面积有着较大的差异：全州二等宜建地面积最多的是芒市勐戛镇，达 4129.65hm²；次为陇川县景罕镇、芒市镇、瑞丽市户育乡，其二等宜建地面积分别 3403.17hm²、3328.11hm²、3204.47hm²；较少的是支那乡、护国乡、五岔路乡、苏典乡、昔马镇、卡场镇、铜壁关乡、江东乡、那邦镇、小厂乡、平山乡、中山乡、大厂乡、油松岭乡、王子树乡、勐约乡，其二等宜建地面积均在 200hm²以下。

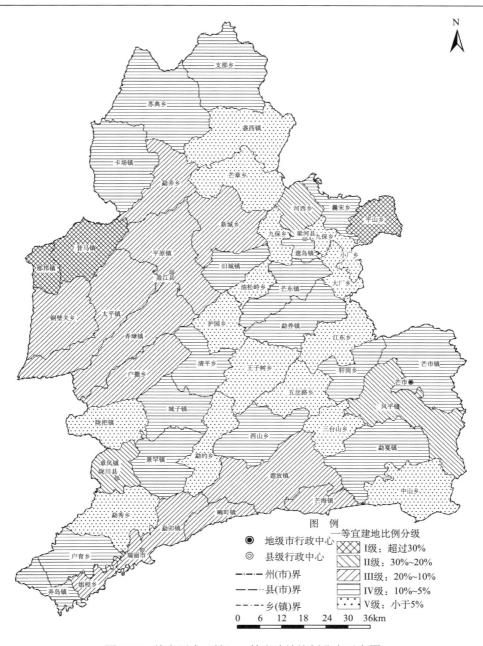

图 5-17 德宏州乡（镇）一等宜建地比例分布示意图

根据各乡（镇）二等宜建地面积的大小，将德宏州 50 个乡（镇）二等宜建地面积分为 5 个级别，分级标准见表 5-17。分级结果（图 5-18 和图 5-19）表明，全州 50 个乡（镇）二等宜建地面积超过

表 5-17 德宏州乡（镇）级二等宜建地面积分级及其乡（镇）数统计表

二等宜建地面积/hm²	分级体系				
	超过 3000	3000～1000	1000～500	500～200	小于 200
二等宜建地面积分级	I	II	III	IV	V
乡（镇）数/个	4	10	12	8	16

3000hm² 有 4 个乡（镇），占统计乡（镇）总数（50 个）8%；二等宜建地面积 1000～3000hm² 有 10 个乡（镇），占统计乡（镇）总数 20%；二等宜建地面积 500～1000hm² 有 12 个乡（镇），占统计乡（镇）总数 24%；二等宜建地面积 200～500hm² 有 8 个乡（镇），占统计乡（镇）总数 16%；二等宜建地面积小于 200hm² 有 16 个乡（镇），占统计乡（镇）总数 32%。

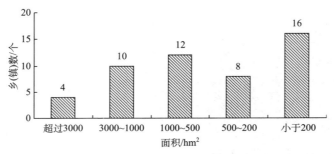

图 5-18　德宏州各二等宜建地面积等级的乡（镇）数对比

图 5-19　德宏州乡（镇）二等宜建地面积分布示意图

2. 各乡（镇）二等宜建地比例的差异性

就二等宜建地面积占宜建地总面积的比例（简称二等宜建地比例）而言，各乡（镇）亦差异较大：全州二等宜建地比例最大的是梁河县遮岛镇，达 78.79%；次为梁河县曩宋乡和瑞丽市姐相乡，其二等宜建地比例分别 67.96%和 64.88%；较少的是江东乡、五岔路乡、昔马镇、平山乡、中山乡、大厂乡、油松岭乡、王子树乡、勐约乡，其二等宜建地比例均在 10%以下。

根据各乡（镇）二等宜建地比例的高低，将德宏州 50 个乡（镇）二等宜建地比例分为 5 个级别，分级标准见表 5-18。分级结果（图 5-20 和图 5-21）表明，全州 50 个乡（镇）二等宜建地比例超过 50%有 5 个乡（镇），占统计乡（镇）总数（50 个）10%；二等宜建地比例 35%~50%有 16 个乡（镇），占统计乡（镇）总数 32%；二等宜建地比例 20%~35%有 13 个乡（镇），占统计乡（镇）总数 26%；二等宜建地比例 10%~20%有 7 个乡（镇），占统计乡（镇）总数 14%；二等宜建地比例小于 10%有 9 个乡（镇），占统计乡（镇）总数 18%。

表 5-18 德宏州乡（镇）级二等宜建地比例分级及其乡（镇）数统计表

二等宜建地比例/%	分级体系				
	超过 50	50~35	35~20	20~10	小于 10
二等宜建地比例分级	I	II	III	IV	V
乡（镇）数/个	5	16	13	7	9

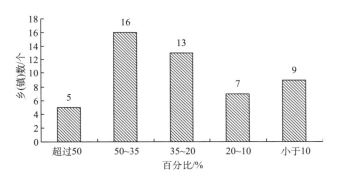

图 5-20 德宏州各二等宜建地比例等级的乡（镇）数对比

（四）各乡（镇）三等宜建地面积及比例的差异性

1. 各乡（镇）三等宜建地面积的差异性

从三等宜建地面积来看，各乡（镇）分布面积有着较大差异：全州三等宜建地面积最多的是芒市遮放镇，达 9721.64hm²；次为芒市风平镇、轩岗乡、勐戛镇和瑞丽市勐秀乡、户育乡，其三等宜建地面积约 5300~5600hm²；较少的是江东乡、支那乡、九保乡、姐相乡、曩宋乡、卡场镇、护国乡、铜壁关乡、那邦镇、小厂乡、遮岛镇、平山乡、中山乡、大厂乡、油松岭乡、王子树乡、勐约乡，其三等宜建地面积均在 500hm² 以下。

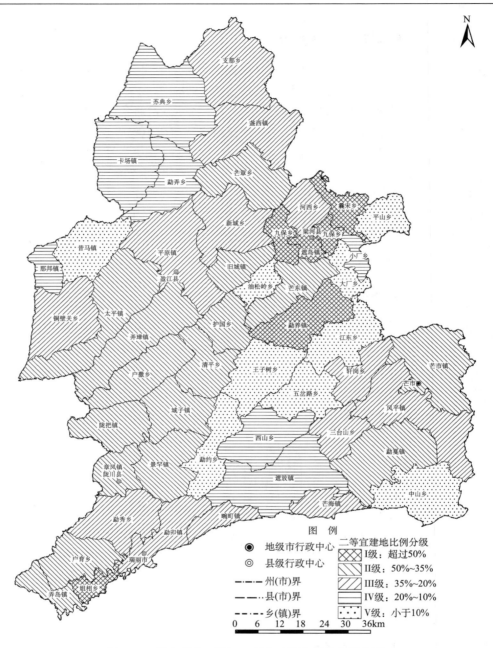

图 5-21　德宏州乡（镇）二等宜建地比例分布示意图

　　根据各乡（镇）三等宜建地面积大小，将德宏州 50 个乡（镇）三等宜建地面积分为 5 个级别，分级标准见表 5-19。分级结果（图 5-22 和图 5-23）表明，全州 50 个乡（镇）三等宜建地面积超过 5000hm² 有 6 个乡（镇），占统计乡（镇）总数（50 个）12%；三等宜建地面积 3000～5000hm² 有 3 个乡（镇），占统计乡（镇）总数 6%；三等宜建地面积 1000～3000hm² 有 13 个乡（镇），占统计乡（镇）总数 26%；三等宜建地面积 500～1000hm² 有 11 个乡（镇），占统计乡（镇）总数 22%；三等宜建地面积小于 500hm² 有 17 个乡（镇），占统计乡（镇）总数 34%。

表 5-19　德宏州乡（镇）级三等宜建地面积分级及其乡（镇）数统计表

三等宜建地面积/hm²	分级体系				
	超过 5000	5000～3000	3000～1000	1000～500	小于 500
三等宜建地面积分级	I	II	III	IV	V
乡（镇）数/个	6	3	13	11	17

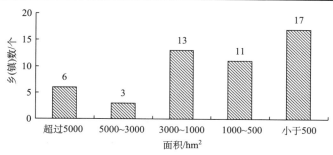

图 5-22　德宏州各三等宜建地面积等级的乡（镇）数对比

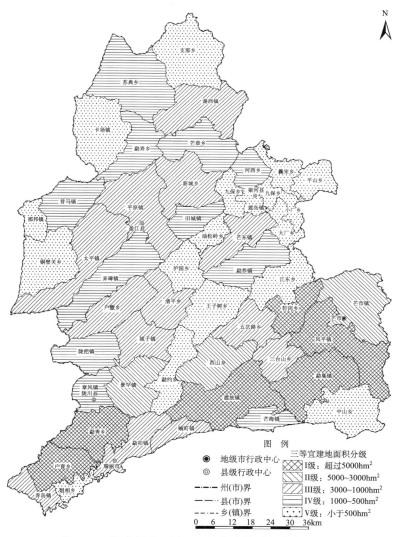

图 5-23　德宏州乡（镇）三等宜建地面积分布示意图

2. 各乡（镇）三等宜建地比例的差异性

就三等宜建地面积占宜建地总面积的比例（简称三等宜建地比例）而言，各乡（镇）亦差异较大：全州三等宜建地比例最大的是芒市五岔路乡和江东乡，分别达 90.47% 和 90.01%；次为梁河县小厂乡和盈江县苏典乡，其三等宜建地比例分别为 83.19% 和 81.33%；较少的是平山乡、中山乡、大厂乡、油松岭乡、王子树乡、勐约乡，其三等宜建地比例均在 1% 以下。

根据各乡（镇）三等宜建地比例高低，将德宏州 50 个乡（镇）三等宜建地比例分为 5 个级别，分级标准见表 5-20。分级结果（图 5-24 和图 5-25）表明，全州 50 个乡（镇）三等宜建地比例超过 70% 有 7 个乡（镇），占统计乡（镇）总数（50 个）14%；三等宜建地比例 50%～70% 有 21 个乡（镇），占统计乡（镇）总数 42%；三等宜建地比例 30%～50% 有 13 个乡（镇），占统计乡（镇）总数 26%；三等宜建地比例 10%～30% 有 3 个乡（镇），占统计乡（镇）总数 6%；三等宜建地比例小于 10% 有 6 个乡（镇），占统计乡（镇）总数 12%。

表 5-20　德宏州乡（镇）级三等宜建地比例分级及其乡（镇）数统计表

三等宜建地比例/%	分级体系				
	超过 70	70～50	50～30	30～10	小于 10
三等宜建地比例分级	I	II	III	IV	V
乡（镇）数/个	7	21	13	3	6

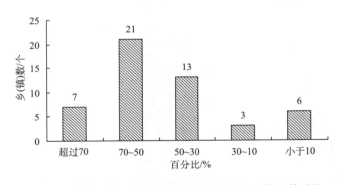

图 5-24　德宏州各三等宜建地比例等级的乡（镇）数对比

（五）各乡（镇）不宜建山地面积及比例的差异性

1. 各乡（镇）不宜建山地面积的差异性

从不宜建山地面积来看，各乡（镇）的分布面积的差异显著：全州不宜建山地面积最多的是盈江县苏典乡，达 45 081.91hm²；次为盈江县支那乡、卡场镇、太平镇和盏西镇，其不宜建山地面积约 31 000～36 000hm²；较少的是瑞丽市弄岛镇、梁河县遮岛镇、瑞丽市姐相乡、陇川县章凤镇，其不宜建山地面积均在 5000hm² 以下。

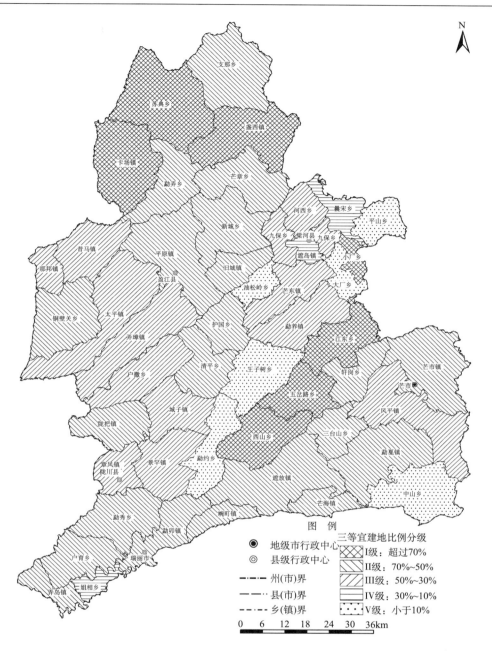

图 5-25　德宏州乡（镇）三等宜建地比例分布示意图

　　根据各乡（镇）不宜建山地面积大小，将德宏州 50 个乡（镇）不宜建山地面积分为 5 个级别，分级标准见表 5-21。分级结果（图 5-26 和图 5-27）表明，全州 50 个乡（镇）不宜建山地面积超过 30 000hm² 有 5 个乡（镇），占统计乡（镇）总数（50 个）10%；不宜建山地面积 20 000～30 000hm² 有 14 个乡（镇），占统计乡（镇）总数 28%；不宜建山地面积 10 000～20 000hm² 有 16 个乡（镇），占统计乡（镇）总数 32%；不宜建山地面积 5000～10 000hm² 有 11 个乡（镇），占统计乡（镇）总数 22%；不宜建山地面积小于 5000hm² 有 4 个乡（镇），占统计乡（镇）总数 8%。

表 5-21　德宏州乡（镇）级不宜建山地面积分级及其乡（镇）数统计表

不宜建山地面积/hm²	分级体系				
	超过 30 000	30 000～20 000	20 000～10 000	10 000～5000	小于 5000
不宜建山地面积分级	I	II	III	IV	V
乡（镇）数/个	5	14	16	11	4

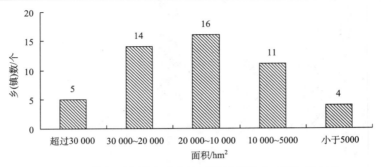

图 5-26　德宏州各不宜建山地面积等级的乡（镇）数对比

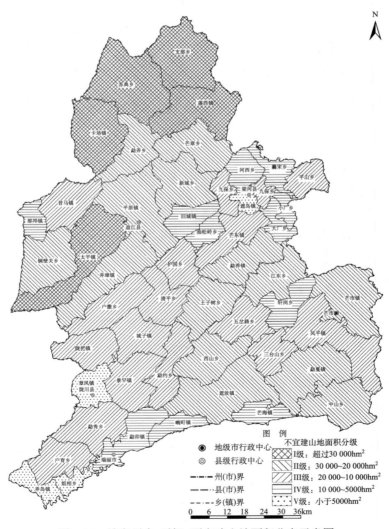

图 5-27　德宏州乡（镇）不宜建山地面积分布示意图

2. 各乡（镇）不宜建山地比例的差异性

就不宜建山地面积占山区总面积的比例（简称不宜建山地比例）而言，各乡（镇）亦差异很大：全州不宜建山地比例最大的是中山乡、大厂乡、油松岭乡、王子树乡、勐约乡、卡场镇、铜壁关乡、平山乡、小厂乡、支那乡、苏典乡，均达98%以上，其中中山乡、大厂乡、油松岭乡、王子树乡和勐约乡均达100%；最少的是陇川县章凤镇，其不宜建山地比例仅1.70%。

根据各乡（镇）不宜建山地比例的高低，将德宏州50个乡（镇）不宜建山地比例分为5个级别，分级标准见表5-22。分级结果（图5-28和图5-29）表明，全州50个乡（镇）不宜建山地比例超过90%有27个乡（镇），占统计乡（镇）总数（50个）54%；不宜建山地比例80%～90%有8个乡（镇），占统计乡（镇）总数16%；不宜建山地比例70%～80%有5个乡（镇），占统计乡（镇）总数10%；不宜建山地比例50%～70%有7个乡（镇），占统计乡（镇）总数14%；不宜建山地比例小于50%有3个乡（镇），占统计乡（镇）总数6%。可见，德宏州多数乡（镇）不宜建山地比例较高。

表 5-22　德宏州乡（镇）级不宜建山地比例分级及其乡（镇）数统计表

不宜建山地比例/%	分级体系				
	超过 90	90～80	80～70	70～50	小于 50
不宜建山地比例分级	I	II	III	IV	V
乡（镇）数/个	27	8	5	7	3

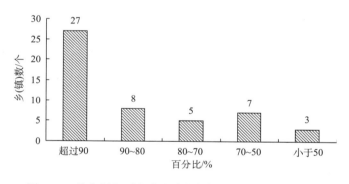

图 5-28　德宏州各不宜建山地比例等级的乡（镇）数对比

三、德宏州山区宜建地的土地利用现状分析

从上述山区宜建地的土地利用现状（表5-23和图5-30）来看，全州山区宜建地141 676.00hm²中，农用地128 901.36hm²，占90.98%；建设用地6736.36hm²，占4.75%；其他土地6038.28hm²，占4.27%。在农用地中，耕地45 635.87hm²（其中33 304.16hm²为质量低劣的坡旱地），占山区宜建地32.21%；林地62 489.98hm²（多为残次灌丛），占山区宜建地的44.11%。其他土地6038.28hm²中，多为荒山荒地。总体上分析，山区宜建地中，2/3以上属于质量低劣的坡旱地、残次灌丛和荒山荒地。

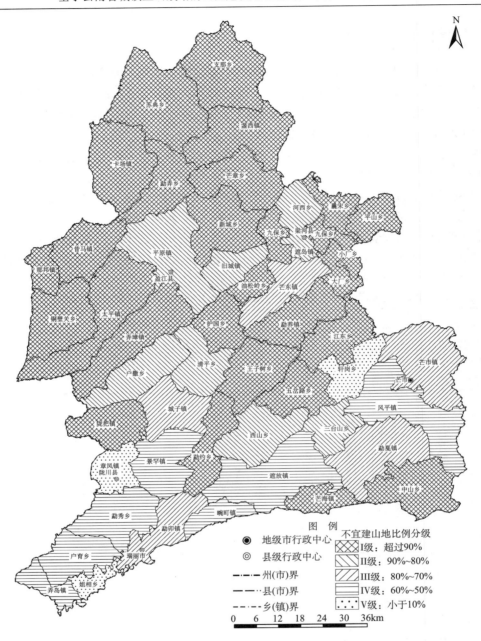

图 5-29　德宏州乡（镇）不宜建山地比例分布示意图

表 5-23　德宏州山区宜建地的土地利用现状　　　　　　　　　单位：hm²

现状地类	宜建地合计	一等宜建地	二等宜建地	三等宜建地
1. 农用地	128 901.36	11 419.82	44 517.84	72 963.70
其中：耕地	45 635.87	5745.19	20 773.55	19 117.13
林地	62 489.98	3866.06	18 600.97	40 022.94
2. 建设用地	6736.36	4549.48	930.14	1256.75
其中：城乡建设用地	5761.99	3819.26	873.45	1069.30
3. 其他土地	6038.28	744.11	802.22	4491.94
合计	141 676.00	16 713.43	46 250.18	78 712.39

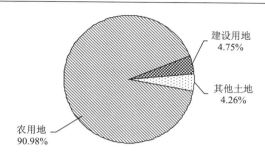

图 5-30　德宏州山区宜建地的土地利用现状示意图

四、德宏州已有建设用地的分析和评价

　　从已有建设用地来看，据德宏州第二次土地调查，全州山区建设用地 15 375.50hm²，占山区总面积的 1.56%。其中，城乡建设用地为 12 459.37hm²，占山区建设用地的 81.03%；交通水利用地为 2332.20hm²，占山区建设用地的 15.17%；其他建设用地为 583.93hm²，占山区建设用地 3.80%。将已有建设用地与表 5-23 比较可见，山区已有建设用地中的宜建地为 6736.36hm²，占 43.81%。也就是说，现有山区建设用地中，1/2 以上属于不宜建山地（图 5-31），这些地方大多地处边远山区，地形坡度较陡，地质灾害频发，生存环境恶劣，尤其以山洪、滑坡、泥石流等灾害突出的大盈江流域（梁河县、盈江县）以及芒市、陇川县较为突出，这几个县（市）因地质灾害已搬迁较多边远村庄和农户。按本书评价结果，从解决"三农"问题、保障农村和农民可持续发展出发，未来尚需搬迁的边远村庄和农户应因地制宜地分期分批搬迁至条件相对较好的宜建地。这也表明，虽然本书评价结果主要是为"城镇上山"战略提供依据，但同时也可以为边远农村建设用地的布局优化提供基础依据。

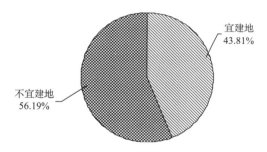

图 5-31　德宏州山区现有建设用地中的宜建地与不宜建地比较

五、德宏州主要坝区周边缓坡地城镇建设适宜性评价结果在德宏州各县（市）"城镇上山"型土地利用总体规划（2010—2020 年）修编中的应用情况

　　强化坝区耕地保护、推动城乡建设用地向坝区周边缓坡宜建地布局，这是云南省政府确定的新型发展战略模式。本书评价结果表明，德宏州主要坝区周边缓坡地宜建地资源丰富，在该州调整城乡建设用地布局、强化坝区耕地保护、发展山地城镇是可行。

　　本书成果已在德宏州各县（市）"城镇上山"型土地利用总体规划（2010—2020 年）修编中得到了具体的应用。

　　基本应用过程是：各县（市）"城镇上山"型土地利用总体规划（2010—2020 年）修编中，以德宏州山区城镇建设适宜性评价数据库（1∶10000 山区城镇建设适宜性评价图）为基础依据，对现行土地利用总体规划（2006～2020 年）中的建设用地布局进行调整和优化，将原来布局于坝区的新增建设用地（尤其是城镇、工业等用地项目）尽可能布局到缓坡山地，要求各县（市）山区新增建设用地占辖区新增建设用地比例应当在 50%以上，山区新增建设用地占用耕地比例不超过 30%。与此同时，相应地对现行土地利用总体规划（2006—2020 年）中的基本农田布局进行调整，要求各县（市）坝区现有耕地划为基本农田面积应占坝区耕地总面积的 80%以上，将以往规划布局中的"基本农田上山"模式改为"基本农田下坝"模式，有效地保护坝区优质耕地。

成果应用的成效是显著的，通过应用评价成果进行"城镇上山"型土地利用总体规划（2010～2020 年）修编，德宏州显著地加大对基本农田的保护规模和力度，全州基本农田保护面积净增6276.42hm^2，其中坝区的基本农田保护面积净增 3055.34 hm^2；坝区基本农田占坝区耕地面积的比例（即坝区耕地保护率）达 84.06%，比原来土地规划提高 3.83 个百分点。同时，有效地促进全州城镇等建设用地向山地布局，2010～2020 年山区新增建设用地面积占到全州新增建设用地总量 50.57%，比原来土地规划提高 3.69 个百分点（表 5-24 和图 5-32）；山区新增城乡建设用地规模（净增量）占到全州 67.13%，比原来土地规划提高 44.38 个百分点[7]（表 5-24 和图 5-33）。此外，山区新增建设占用耕地比例提高 6.64 个百分点，而相反，坝区新增建设占用耕地比例则降低 6.64 个百分点（表5-24 和图 5-34）。

表 5-24　德宏州现行土地规划完善前后山区建设用地布局比例比较表　　　单位：%

指标项目	规划完善前	规划完善后	增（+）减（−）变化
山区新增建设用地布局比例	46.88	50.57	+3.69
山区新增城乡建设用地布局比例	22.75	67.13	+44.38
山区新增建设占用耕地比例	17.60	24.24	+6.64

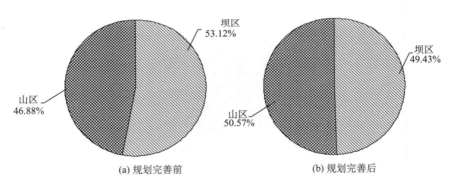

图 5-32　德宏州土地规划完善前后新增建设用地布局比例变化情况

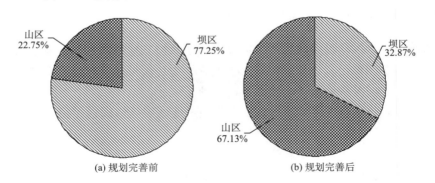

图 5-33　德宏州土地规划完善前后新增城乡建设用地布局比例变化情况

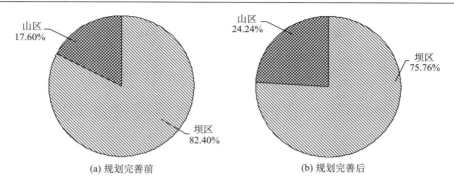

图 5-34　德宏州土地规划完善前后新增建设占用耕地比例变化情况

参 考 文 献

[1]杨子生，赵乔贵，辛玲. 云南土地资源. 北京: 中国科学技术出版社，2014.

[2]云南省统计局. 云南统计年鉴 2014. 北京: 中国统计出版社，2014.

[3]Lu Y Y, Yang Z S. Analysis of land use characteristics in mountainous areas in Yunnan Province based on Second National Land Survey. Agricultural Science and Technology, 2014, 15(9): 1438-1440.

[4]杨子生，赵乔贵. 基于第二次全国土地调查的云南省坝区县、半山半坝县和山区县的划分. 自然资源学报，2014，29(4): 564-574.

[5]王秋兵. 土地资源学. 北京: 中国农业出版社，2003.

[6]中华人民共和国国土资源部. 第二次全国土地调查技术规程. 北京: 中国标准出版社，2007.

[7]杨子生. 山区城镇建设用地适宜性评价方法及应用——以云南省德宏州为例. 自然资源学报，2016，31(1): 64-76.

第六章 山区建设用地适宜性评价成果在云南"城镇上山"型土地利用规划编制中的应用模式及其成效

第一节 调整城乡建设用地布局、强化坝区耕地保护、发展山地城镇的可行性分析

实行城镇等建设用地上山,首先需要回答的是该上什么样的山地?"城镇上山"战略的可行与否,最关键在于云南山区是否拥有相当规模的适宜城镇发展和建设的宜建土地资源。

一、全省山区建设用地开发潜力巨大

云南省坡度大于8°的山区面积占省域土地总面积93.60%,说明云南山区面积比例很大。其中到底有多少山区适宜发展和建设山地城镇,通常需要开展山区城镇建设用地适宜性评价,才能准确地得出结论。影响山区城镇建设用地适宜性的因素较多,如地形坡度、海拔、地面起伏度和破碎度、地质灾害状况、重要矿产压覆、生态状况等,其中坡度因素往往是影响范围最广的关键因子。作为省级宏观性的山区宜建土地分析,可作以下粗线条的分析:

在大于8°的山区土地中,25°是我国《水土保持法》规定的禁止开垦坡度上限[1]。对于建设山地城镇来说,当坡面达到25°时,各类建筑的不稳定性很大,加之陡坡地开发和建设极易诱发滑坡、泥石流等地质灾害,危及城镇和人民生命财产安全,通常情况下,可将大于25°的陡坡地宜归为"禁建区"或者"不宜建土地"。因此,山区城镇建设适宜的坡度范围为8°~25°,这也是"城镇上山"的山区范围。

至今为止,对全省及各县(市、区)统一进行不同坡度土地面积调查与量算的权威性数据仅见《云南省不同气候带和坡度的土地面积》[2],这是云南省农业区划办公室1985~1987年委托云南省测绘局在1972~1978年出版的云南省地形图上量算的成果。该项量算结果表明,全省8°~25°(缓坡)土地达196 022.14km²,占土地总面积的51.13%。其中,8°~15°土地面积52 577.60km²,占土地总面积的13.71%;15°~25°土地面积143 444.54km²,占土地总面积37.41%。

据云南省第二次全国土地调查,全省2009年末城镇用地规模14.01万hm²,占土地总面积的0.36%[3]。而据《云南省不同气候带和坡度的土地面积》[2],云南省1/2以上的土地属于8°~25°(缓坡)土地,全省缓坡土地面积约相当于2009年末城镇用地规模140倍,因此,云南山区建设用地开发潜力巨大,在实施"城镇上山"战略中具有丰富的山区后备建设用地资源。

二、典型州(市)山区缓坡宜建地分析

调查表明,云南省大多数县(市、区)坝区周边或主要城镇周边分布着不同规模的低丘缓坡地,后备建设用地资源较多。据我们近年来对地处滇西南山区的德宏州主要城镇周边山区建设用地适宜性进行分析和评价[4],全州主要城镇周边山区缓坡宜建地面积达141 676.00hm²,占全州山区土地总面积的14.37%。其中一等宜建地16 713.43hm²,占总宜建地的11.80%;二等宜建地46 250.18hm²,占总宜建地的32.65%;三等宜建地78 712.39hm²,占总宜建地的55.56%。这表明,德宏州各坝区

周边缓坡地中条件较好的一等宜建地和二等宜建地合计面积为 62 963.61hm²。

按照上级下达的规划期控制指标,德宏州规划期内新增建设用地规模为 5743.81hm²,其中新增城乡建设用地规模应控制在 2939.42hm² 以内。因此,从缓坡宜建地资源潜力来看,即便将规划期内新增城乡建设用地指标 2939.42hm² 全部布局于主要城镇周边(或坝区周边)缓坡地,也是没有资源限制的。

即使按照德宏州作为国家"桥头堡"黄金口岸建设和瑞丽重点开发开放试验区建设的实际需要来预测,全州 2010~2020 年需要新增建设用地 16 400.00hm²,这一预测值也小于德宏州主要城镇周边(坝区周边)缓坡宜建地总面积 141 676.00hm²。另一方面,通过调整城乡建设用地布局,使其逐步布局于宜建缓坡地,将使原来预计的新增建设占用耕地规模 10 400.00hm² 减少 2/3 以上,且占用的只是山区自然条件较差的旱地,坝区优质耕地占用量大幅度减少。

通过调整城乡建设用地布局、强化坝区耕地保护这一举措,逐步将德宏州城乡建设用地调整到山区缓坡宜建地,不仅是必要的,也是完全可行的。

第二节　山区建设用地适宜性评价成果在云南"城镇上山"型土地利用规划编制中的应用模式

实施"城镇上山"战略,规划要先行。为此,云南省于 2011 年下半年开始在全省范围内部署开展了县乡两级基于坝区耕地保护与"城镇上山"战略的土地利用总体规划完善编制(简称"城镇上山"型土地利用规划)。在编制"城镇上山"型土地利用规划的前期基础工作中,各县(市、区)均开展了山区城镇建设用地适宜性评价。云南省 129 个县(市、区)"城镇上山"型土地利用规划的实践表明,全省各县(市、区)开展的山区城镇建设用地适宜性评价成果,评价成果在全省完善县乡级土地利用总体规划(2010~2020 年)的科学编制(尤其是新增城镇建设用地和工业用地在山区的合理布局)中得到具体应用,且应用成效显著,使云南省确立的"保护坝区农田,建设山地城镇"战略得以顺利实施,对于保护有限的坝区优质耕地、推进"城镇上山"战略的科学实施起到十分重要的基础性、支撑性作用。

一、山区建设用地适宜性评价成果概况

各县(市、区)开展的山区建设用地适宜性评价,按照《云南省完善县乡级土地利用总体规划技术指南(试行稿)》的规定,一般以云南省坝区调查成果数据库中的坝区范围界线为基础,以第二次全国土地调查成果数据库和图件等为依据,结合考虑城市(城镇)总体规划确定的发展范围,利用 ArcGIS9.3 软件提取第二次土地调查数据库中地形坡度图大致在 25°以下的区域范围,即大致以 25°为分界线来划分评价的区域,即坝区周边缓坡山地、台地和低丘地。以第二次土地调查数据库中的第二次土地调查 1:10 000 土地利用现状图的基本图斑为评价单元,按建设用地适宜性评价指标体系和技术方法进行评价[5-7]。

得到的评价成果主要是:①各县(市、区)缓坡山区城镇建设适宜性等级面积及比例;②各县(市、区)缓坡山区城镇建设适宜性评价图(比例尺 1:10 000);③各县(市、区)缓坡山区城镇建设适宜性评价数据库。

二、山区建设用地适宜性评价成果在"城镇上山"型土地利用规划编制中的应用模式

（一）"城镇上山"型土地利用规划的核心任务与目标要求

云南开展的"城镇上山"型土地利用规划，其核心任务有两项[8]：

一是进行建设用地布局的调整与优化。按照"集约节约用地、保护坝区耕地、建设山地城镇、山地工业及城乡协调发展"的基本原则，对现行土地利用总体规划（2006—2020 年）中的建设用地布局进行调整和优化，要求各县（市、区）坝区新增建设用地占辖区新增建设用地比例应当在 50%以下，山区新增建设用地占用耕地比例不超过 30%，坝区有条件建设区占坝区新增建设用地比例不得大于 20%，山区有条件建设区占山区建设用地总规模的比例不得大于 50%。

二是进行基本农田布局的调整。按照"增加坝区基本农田、减少山地基本农田、提高质量"的原则，对现行土地利用总体规划（2006—2020 年）中的基本农田布局进行调整，要求各县（市、区）坝区现有耕地划为基本农田面积应占坝区耕地总面积的 80%以上，将以往规划布局中的"基本农田上山"模式改为"基本农田下坝"模式。

（二）山区建设用地适宜性评价成果在"城镇上山"型土地利用规划编制中的应用模式

山区建设用地适宜性评价成果在"城镇上山"型土地利用规划编制中的应用，着重体现在"新增城镇建设用地和工业项目用地在山区的合理布局"这一关键环节上。

这里的"合理布局"，基本含义是：新增城镇建设用地和工业用地应当布局在环境条件适宜的缓坡宜建地范围内。也就是说，新增城镇建设用地和工业用地在山区的空间布局范围与"山区建设用地适宜性评价图"中确定的宜建地分布范围相符合，不能布局在环境条件恶劣的"不宜建土地"范围内。而且，由于建设成本和安全程度的制约，新增城镇建设用地和工业用地尽可能布局在条件较好的一等宜建地和二等宜建地范围内。

具体的应用过程和模式可以分为以下 3 个步骤：

（1）将政府或城建部门确定在山地上安排和布局的"新增城镇建设规划图（1∶10 000）"叠加到"山区城镇建设适宜性评价图（比例尺 1∶10 000）"之上，对这两份图件进行空间衔接性分析。

如果新增城镇建设规划范围与"山区城镇建设适宜性评价图（1∶10 000）"上的宜建地范围完全一致，则表明在山地上规划建设的新增城镇用地均为宜建地，这时，在新增建设用地指标满足的情况下，可以按照政府或城建部门确定新增城镇建设规划图来布局。

如果两份图件大部分相衔接、少部分不衔接，即新增城镇建设规划范围中的少部分属于"不宜建土地"，那么，可以有两种处理办法：一是由政府或城建部门修改"新增城镇建设规划图（1∶10 000）"，使之与"山区城镇建设适宜性评价图（1∶10 000）"相衔接；二是新增城镇建设规划范围中属于"不宜建土地"的那部分，在用地规划时作为"绿化用地"处理。

如果两份图件大部分不相衔接，即新增城镇建设规划范围中的大部分属于"不宜建土地"，那么，为确保新增城镇建设用地在山区布局合理性，必须由政府或城建部门组织重新编制"新增城镇建设规划图（1∶10 000）"，直至与"山区城镇建设适宜性评价图（1∶10 000）"相衔接。

（2）将政府或相关行业部门确定在山地上安排和布局的新增工业项目（或其他独立建设项目）用地范围图（1∶10 000）叠加到"山区城镇建设适宜性评价图（1∶10 000）"之上，并对这两份图件进行空间衔接性分析。分析的过程与上述新增城镇建设用地相同。

（3）进行坝区基本农田布局的调整。把原来布局于坝区的城镇建设用地和工业项目用地重新布局到适宜的缓坡山地之后，所腾出来的坝区用地范围一般重新规划和布局为基本农田，确保坝区现

有耕地划入基本农田面积占坝区耕地总面积的比例达到80%以上,真正实现"保护坝区优质耕地,建设山地城镇"的目标。

第三节 山区建设用地适宜性评价成果在"城镇上山"型土地利用规划编制中的应用成效

通过应用山区城镇建设用地适宜性评价成果,云南顺利地完成了完善县乡级土地利用总体规划的编制与审批工作,新批准的完善土地利用总体规划(2010—2020年)作为云南省实施"城镇上山"战略形势下的坝区耕地保护型土地利用总体规划,规定了坝区耕地保护目标、坝区土地用途管制分区和管制规则,从根本上规范和约束了各用地部门和单位对坝区耕地的利用与保护行为,为保护坝区优质耕地资源绘制了宏伟蓝图。总体上分析,全省县乡级完善土地利用总体规划(2010—2020年)在保护坝区耕地、推进"城镇上山"战略上取得了重大成效。

一、有效保护了全省坝区优质耕地和基本农田

(1)显著地加大了对坝区基本农田的保护规模和力度。云南省现行土地利用总体规划(2006~2020年)(以下简称"现行规划")确定的全省2020年基本农田保护面积为502.36万 hm^2,应用山区建设用地适宜性评价成果对现行规划进行完善之后,新的完善土地利用总体规划(2010—2020年)(以下简称"完善规划")确定的全省2020年基本农田保护面积526.27万 hm^2,基本农田保护面积增加23.91万 hm^2;其中坝区的规划基本农田面积由现行规划的90.32万 hm^2,增至111.58万 hm^2,净增加21.26万 hm^2,净增加幅度达23.54%。

(2)坝区基本农田占坝区耕地面积的比例有大幅度提高。2009年全省坝区耕地135.49万 hm^2,完善前坝区耕地划入基本农田面积为90.32万 hm^2,坝区耕地保护率为66.66%。完善规划后,坝区耕地划入基本农田面积达110.97万 hm^2,净增20.65万 hm^{2}坝区;耕地保护率达81.90%,净提高15.24%(表6-1和图6-1)。

表 6-1 云南省现行土地规划完善前后坝区耕地保护率比较表

指标项目	规划完善前	规划完善后	增(+)减(-)变化
坝区耕地划入基本农田保护面积/万 hm^2	90.32	110.97	+20.65
坝区耕地保护率/%	66.66	81.90	+15.24

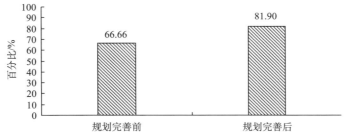

图 6-1 云南省现行土地规划完善前后坝区耕地保护率比较(柱状图)

(3)规划完善后基本农田中坝区耕地所占比例与坝区耕地占全省耕地面积比例都有所提高。规划完善前确定的2020年全省坝区耕地规模128.42万 hm^2,占全省耕地面积645.79万 hm^2 19.89%,

坝区基本农田面积 90.32 万 hm²，占全省基本农田面积 502.36 万 hm² 17.98%；规划完善后全省 2020 年坝区耕地面积 130.84 万 hm²，占全省耕地面积 653.92 万 hm² 20.01%，坝区基本农田面积 111.58 万 hm²，占全省基本农田面积 526.27 万 hm² 21.20%。

二、有效促进了全省建设用地向山地布局

规划完善前，全省新增建设用地总量为 19.05 万 hm²，其中 9.06 万 hm² 分布于坝区，9.99 万 hm² 分布山区，山区新增建设用地的面积占全省新增量的 52.43%。规划完善后，全省新增建设用地总量 22.06 万 hm²，其中 7.30 万 hm² 分布在坝区，14.76 万 hm² 分布在山区，山区新增建设用地的面积占到了全省新增量的 66.89%，比规划完善前提高了 14.46 个百分点（表 6-2 和图 6-2）。

表 6-2　云南省现行土地规划完善前后山区建设用布局比例比较表　　　　单位：%

指标项目	规划完善前	规划完善后	增（+）减（−）变化
山区新增建设用地布局比例	52.43	66.89	+14.46
山区新增城乡建设用地布局比例	38.04	55.02	+16.99

规划完善前，全省新增城乡建设用地总量 9.08 万 hm²，其中 5.63 万 hm² 分布在坝区，3.45 万 hm² 分布在山区，山区新增城乡建设用地的面积仅占全省 38.04%。规划完善后，全省新增城乡建设用地 10.22 万 hm²，其中 4.59 万 hm² 分布在坝区，5.62 万 hm² 分布在山区，山区新增城乡建设用地面积占到了全省 55.02%，比规划完善前提高 16.99 个百分点（表 6-2 和图 6-3）。

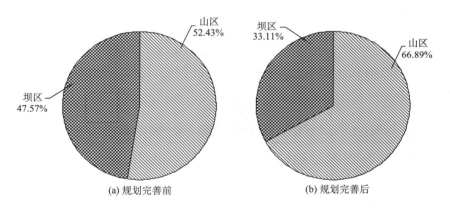

(a) 规划完善前　　　　　　　　(b) 规划完善后

图 6-2　云南省土地规划完善前后新增建设用地布局变化情况

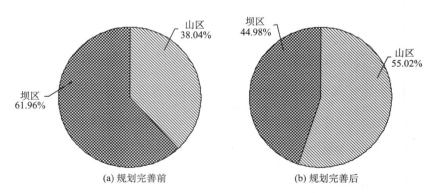

(a) 规划完善前　　　　　　　　(b) 规划完善后

图 6-3　云南省土地规划完善前后新增城乡建设用地布局变化情况

　　规划完善后，布局在山区的新增建设用地总量以及新增城乡建设用地都较规划完善前有较大幅度的增加，规划完善有效地促进了建设用地向山地布局，有效促进云南省山地城镇建设。

参 考 文 献

[1]全国人民代表大会常务委员会. 中华人民共和国水土保持法. http://www. gov. cn[2010-12-25].

[2]云南省农业区划委员会办公室. 云南省不同气候带和坡度的土地面积. 昆明: 云南科技出版社，1987.

[3]杨子生，赵乔贵，辛玲. 云南土地资源. 北京: 中国科学技术出版社，2014.

[4]杨子生. 山区城镇建设用地适宜性评价方法及应用——以云南省德宏州为例. 自然资源学报，2016，31(1): 64-76.

[5]杨子生，王辉，张博胜. 中国西南山区建设用地适宜性评价研究——以云南芒市为例//杨子生. 中国土地开发整治与建设用地上山研究. 北京: 社会科学文献出版社，2013: 112-120.

[6]He Y M, Yang Z S, Zhang B S, et al. Study on urban construction land suitability evaluation in southwestern mountainous areas of Yunnan Province based on the strategy of "protecting farmland in flatland areas and constructing mountainous cities": a case in Lianghe County. Agricultural Science and Technology, 2014,15（10）: 1774-1777, 1780.

[7]Zhang S Q, Yang Z S, Yang Y, et al. Study on index system and method of evaluating land suitability for construction in gentle-slope hilly areas at county level in Yunnan Province //Kim　Y H. Progress in Civil, Architectural and Hydraulic Engineering IV. London, UK: CRC Press, Taylor and Francis Group, 2016: 1187-1190.

[8]Yang Z S, Zhao Q G, Zhang S Q, et al. Application Mode of the Evaluation Outcomes of Mountainous Land Suitability for Urban Construction in Compilation of General Land-Use Planning in Yunnan Province-based on the Strategy of "Constructing Mountainous Cities" and Its Effects //Liu Y M, Fu D, Tong Z X, et al. eds. Civil Engineering and Urban Planning Ⅳ. London, UK: CRC Press, Taylor and Francis Group, 2016: 7-11.

第七章 主 要 结 论

建设山地城市是 21 世纪城市建设的十大模式之一。在以山地为主的云南省以及我国其他山区省份，随着城市化、工业化的快速推进，城镇建设规模不断扩大，保护耕地与保障发展建设之间的矛盾日益尖锐化。为了拓展城市发展空间、同时保护平原或平地（在云南俗称为坝子或坝区）的优质耕地，保障粮食安全和可持续发展，实施坡地开发、推行城镇和工业用地"上山"已成为最重要的发展战略选择。实施"城镇上山"战略，其基础和支撑是开展山区城镇建设用地适宜性评价。目前，国内外对山区城镇建设用地适宜性评价的研究尚属薄弱环节，其理论、方法尤其是评价指标体系、评价标准、技术方法模式等关键问题需要深入、广泛的探讨和实证研究。本书作为国家自然科学基金资助项目"基于云南省'城镇上山'战略的山区建设用地适宜性评价原理与方法研究"（项目编号 41261018）的基本研究成果专著，针对国内外山区建设用地适宜性评价理论方法和实践研究的薄弱性以及实施"城镇上山"战略、保护坝区优质耕地的重要性，基于云南省实施"城镇上山"战略的迫切需求，在深入探讨山区建设用地适宜性评价基本原理、系统分析山区建设用地适宜性影响因素、科学构建评价指标体系、合理制定山区建设用地适宜性评价系统与实用技术模型方法的基础上，以地处滇西南中低山区的德宏州为实例，运用多种技术集成，进行山区建设用地适宜性评价的实证研究，并探索山区建设用地适宜性评价成果在编制"城镇上山"型土地利用规划中的应用模式及其成效，进而总结和提炼一套科学、实用、易推广的山区建设用地适宜性评价原理与方法体系，旨在为推进云南省乃至类似山区"城镇上山"战略的顺利实施提供理论与技术支撑。

通过 2013～2016 年四年的研究工作，较为圆满地完成了项目研究任务，取得了一些较有意义的研究成果。主要研究结果包括以下方面。

一、山区建设用地适宜性评价原理的探索、总结与提炼

（1）定义了"山区建设用地适宜性"和"山区建设用地适宜性评价"的概念，认为山区建设用地适宜性是指山区土地对城镇建设（含工业开发建设）等建设用途的适宜与否及其适宜程度，相应地，将"山区建设用地适宜性评价"概念表述为：在调查分析所研究的山区各类自然、经济等因素基础上，根据山区生态保护和城镇等建设要求对土地进行综合评价，确定该山区土地用于城镇等建设的适宜与否及其适宜性程度。

（2）经过分析和提炼，将山区建设用地适宜性评价的基本内涵归纳为 4 个方面：①评价系针对特定的用途：对"城镇等建设"而言，在性质上属于特定目的土地评价；②必须根据山区生态保护要求进行适宜性评价，确保山区建设用地的可持续性；③要根据城镇等建设开发要求对山区土地进行科学评价；④需要科学评定山区土地对"建设用地"（主要是城镇等建设）的适宜与否及其适宜的程度，为山地城镇发展与用地布局提供基础依据。

（3）山区建设用地适宜性评价需要以科学的理论作为基础和支撑，主要论及土地生态学理论、可持续发展与可持续利用理论、土地利用系统理论、统筹人与自然和谐发展理论、生态伦理理论等。这些基础理论要紧紧围绕"土地可持续利用"这一核心理念和基本思想来展开，以此作为评价工作的基本指针。

（4）基于实施"城镇上山"战略的实际需要，提出了山区建设用地适宜性评价应遵循的 4 条原

则：①土地对城镇等建设的适宜性及其适宜程度；②因地制宜，充分考虑山区的特点；③综合分析和主导因素相结合；④土地利用的可持续性。

（5）按照保护坝区（或平原区）优质耕地和建设山地城镇战略的需要，将山区建设用地适宜性评价的基本内容确定为 3 个方面：①山区建设用地适宜性评定；②山区建设用地适宜程度分级（或分等）；③山区建设用地限制性分析。

（6）在阐明云南省城镇上山战略的重要意义基础上，分析山区建设用地适宜性评价在实施"城镇上山"战略中的基础支撑作用，认为这一基础支撑作用主要体现在：山区建设用地适宜性评价成果应用于"城镇上山"型土地利用规划中的核心任务——新增城镇建设用地和工业项目用地在山区的合理布局中，起着直接的基础依据和支撑性作用，通过这一基础性支撑，使城镇上山战略的关键性规划："城镇上山"型土地利用规划得以科学地编制和实施，从而推进 "城镇上山"战略的顺利实施。

（7）云南省制定的"城镇上山"战略与国土资源部部署开展的低丘缓坡土地资源综合开发利用试点实际上一脉相通，就具体实践而言，两者其实是一回事。在分析我国现有低丘缓坡土地的代表性概念基础上，界定了低丘缓坡土地的基本概念：低丘缓坡土地是指起伏高度一般小于 200m、坡度一般为 6°～25°的土地。认为这一概念包括 3 个基本内涵：①"低丘"中的"低"是针对相对高差（即起伏高度）而言，是指相对高差（或起伏高度）较小，在视觉上具有"低矮"之感，具体指标建议为 200m；"低丘"中的"丘"，一般是指丘陵或者类似丘陵的地貌形态。②"缓坡"中的"缓"则是指地形坡度不大，即坡不陡。"缓"的上限坡度值以《水土保持法》规定的禁止开垦坡度值：25°为宜；而"缓"的下限坡度值，宜以《第二次全国土地调查技术规程》确定的第Ⅱ坡度级的上限值：6°为宜（在云南，出于传统划分，"缓"的下限坡度值为 8°。此外，"缓坡"中的"坡"不宜理解为"坡地"，而应侧重理解为"坡度"。③低丘缓坡土地中的"土地"包括"低丘缓坡"范围内的全部土地。

（8）影响和制约山区建设用地适宜性的因素（亦称参评因子）较多，有些因子是刚性的（属于特殊因子），如陡坡、重要矿产压覆、地质灾害等；有些则可视为影响城镇等建设的基本因子（属于弹性因子），如岩性、土质、水文条件与地基承载力、地面工程量与建设成本、气候条件、供水与排水等条件、交通条件、生态影响度等。也有些因子属于双重因子，如坡度，一般大于 25°时，列入"一票否决"式的刚性因子，归为"不适宜"类；而小于 25°时，可以作为适宜性评价的基本参评因子，结合其他因子进行综合评价。因此，在山区城镇建设用地适宜性评价中，需要因地制宜地构建特殊因子指标和基本因子指标相结合的指标体系。

（9）将影响山区城镇等建设用地适宜性的特殊因子分为 7 个，即坡度（陡坡）、地质灾害、地震断裂带、重要矿产压覆、基本农田保护、生态环境安全、自然与文化遗产保护。在分析这 7 个特殊因子对山区建设用地适宜性的影响和"刚性"制约作用基础上，总结和提炼出山区建设适宜土地（简称山区宜建地）的概念，即指坡度在 8°～25°，并位于地质灾害高危险区、距地震断裂带 500m 范围区、重要矿产压覆区、基本农田保护区、生态环境安全控制区和自然与文化遗产保护区之外的缓坡地。这一概念明确地界定山区宜建地的范围，可为云南以及其他类似地区开展山区城镇建设用地适宜性评价、推进山地城镇建设提供基础支撑。

二、山区建设用地适宜性评价指标体系、技术模型方法和评价系统的探索与构建

（1）按山区城镇自身的特点，并考虑资料的可获得性和指标的可量化性，结合评价的原则，将评价因子分出特殊因子和一般因子 2 类，以此构建山区建设用地适宜性评价的参评因子体系。特殊

因子包括 7 个，即地形坡度，地质灾害及其威胁程度，距地震断裂带距离，矿产压覆状况，基本农田保护区分布状况，生态环境安全程度，自然与文化遗产保护区分布状况；一般因子包括 5 个，即岩性、土质、水文条件与地基承载力，地面工程量与建设成本，供水、排水等条件，绿化的生境条件，交通条件。

（2）按照适宜性评价的要求，对确定的各个参评因子均进行了合理、可行的分级，包括确定分级体系和分级指标。上述 12 个因子中，基本农田保护、自然与文化遗产保护作为特殊因子之一，不参与宜建地之内的适宜等级评定。其余 10 个因子均参与适宜等级评定，因而将这 10 个因子均分为四级，分别对应着高度适宜（一等宜建地）、中等适宜（二等宜建地）、低度适宜（三等宜建地）和不适宜 4 个适宜性等级，从而构成了完整的山区建设用地适宜性评价指标体系。

（3）在参考和借鉴联合国粮农组织制定的土地适宜性评价系统和《中国 1∶100 万土地资源图》土地资源适宜性评价系统基础上，结合考虑云南省"城镇上山"战略的科技需求，从开展山区建设用地适宜性评价的实际需要出发，将山区建设用地适宜性评价系统分为三级，即适宜纲、适宜级（或适宜等）、限制型。适宜纲反映山区建设用地适宜性的种类，表示山区土地对"城镇等建设"这一用途是否适宜，可以分为"适宜"和"不适宜" 2 个纲。适宜级系在"适宜纲"范围内，反映山区土地对"城镇等建设"这一用途的适宜程度的高低。限制型系在"适宜级"的范围内，按其限制因素及其限制强度之不同来划分。

（4）鉴于山区生态环境的脆弱性、地质灾害等自然灾害的频发性以及人类生存的安全性和发展的可持续性，提出山区建设用地适宜性评价采用定性评价法中的"极限条件法"与定量评价法中的"适宜性指数法"有机结合的技术方法，分析和评定每一评价单元图斑可用于城镇等建设的适宜性，并评出相应的适宜等级：高度适宜、中度适宜、低度适宜和不适宜。具体而言，与上述确定的 2 类参评因子相对应，特殊因子的分析与评价采用"极限条件法"，即由 7 个特殊因子决定"适宜"或者"不适宜"，凡某一特殊因子属于"不适宜"范围内，即评定为"不宜建"；反之，则视为宜建地。而对于一般因子的分析与评价，则采用定量的"适宜性指数法"来进行。这样，将"极限条件法"与"适宜性指数法"有机结合，最大限度地吸收两种方法的优点，既避免传统定性评价方法的缺陷，又优于以往单一的综合指数法。

（5）评价的技术步骤可以概括为两步：①运用"极限条件法"，确定每一评价单元对城镇等建设用途的适宜与不适宜。②结合"极限条件法"，以"适宜性指数法"为主体，确定宜建地的适宜等级。第二步又分为：①确定单项评价因子指数；②测算和确定综合性适宜指数——山区建设用地综合适宜指数（CSI）；③确定综合适宜程度等级。

（6）为了从整体上对山区宜建地的适宜程度等级作出相对合理的综合评定，本书提出一个定量的综合性评价指标，即山区建设用地综合适宜指数（简称 CSI），用以定量反映山区适宜建设用地的适宜性程度。这一指数的测算方法为

$$CSI = w_1 \cdot I_1 + w_2 \cdot I_2 + w_3 \cdot I_3 + w_4 \cdot I_4 + w_5 \cdot I_5 + w_6 \cdot I_6 + w_7 \cdot I_7$$
$$+ w_8 \cdot I_8 + w_9 \cdot I_9 + w_{10} \cdot I_{10} \tag{7-1}$$

式中，I_1、I_2、I_3、I_4、I_5、I_6、I_7、I_8、I_9 和 I_{10} 分别为参与评定宜建地适宜等级的 10 个参评因子（即地形坡度，地质灾害及其威胁程度，地震断裂带分布距离，矿产压覆状况，生态环境安全程度，岩性、土质、水文条件与地基承载力，地面工程量与建设成本，供水、排水等条件，绿化的生境条件，交通条件）评价指数值；w_1、w_2、w_3、w_4、w_5、w_6、w_7、w_8、w_9 和 w_{10} 分别为上述 10 个评价因子指数（I_1、I_2、I_3、I_4、I_5、I_6、I_7、I_8、I_9 和 I_{10}）的权重值。

三、实证研究的主要结果和应用模式及成效

（1）地处滇西南中低山区的德宏州芒市和瑞丽市是云南省开展"城镇上山"型土地利用总体规划修编的试点县（市），并进而扩展到全州。鉴此，本书应用上述原理与方法，尝试性地开展德宏州山区城镇建设用地适宜性评价的研究，运用 GIS 技术，以德宏州各县（市）第二次土地调查 1：10 000 土地利用现状图的基本图斑为评价单元，分析和评定德宏州山区每一评价单元图斑的建设用地适宜性及其适宜等级，从而确定了德宏州山区适宜城镇等建设的土地资源分布情况，揭示将城镇空间向山地扩展、发展山地型城镇、解决坝区耕地保护问题的可行性。

（2）在德宏州山区面积 985 787.40hm^2 中，宜建地面积达 141 676.00hm^2，占 14.37%；不宜建土地 844 111.40hm^2，占 85.63%；在宜建地中，一等宜建地、二等宜建地和三等宜建地的构成比例约为 12：33：55。对德宏州评价结果的分析表明，通过调整城乡建设用地布局、强化坝区耕地保护这一举措，逐步将城乡建设用地调整到山区缓坡宜建地，不仅是必要的，也是完全可行的。本书评价成果已应用于德宏州各县（市）"城镇上山"型土地利用总体规划（2010—2020 年）修编之中，成效明显，使德宏州"保护坝区农田，建设山地城镇"战略得以顺利实施，全州坝区 84%以上的优质耕地得到了永久性保护，新增建设占用耕地比例大幅下降。

（3）从云南省编制"城镇上山"型土地利用规划的实践来分析，全省各县（市、区）开展的山区城镇建设用地适宜性评价成果，对于保护有限的坝区优质耕地、推进"城镇上山"战略的科学实施起到十分重要的基础性、支撑性作用。本书评价成果在全省完善县乡级土地利用总体规划（2010—2020 年）的科学编制（尤其是新增城镇建设用地和工业用地在山区的合理布局）中得到具体的应用，且应用成效显著，使云南省政府确定的"保护坝区农田，建设山地城镇"战略得以顺利实施，全省坝区 80%以上的优质耕地得到永久性保护，新增建设占用耕地比例大幅下降；新增城镇建设和工业项目稳步"上山"，为新型城镇化和工业化提供了新的发展空间，有效地解决保护耕地与保障发展建设之间的突出矛盾。

（4）云南实践表明，本书建立的山区建设用地适宜性评价指标体系和评价方法适用于云南山区建设用地适宜性评价，可为云南省乃至国内外类似山区加强坝区（或平原区）优质耕地保护、合理地建设山地城镇发展模式提供理论和技术支撑。

附　图

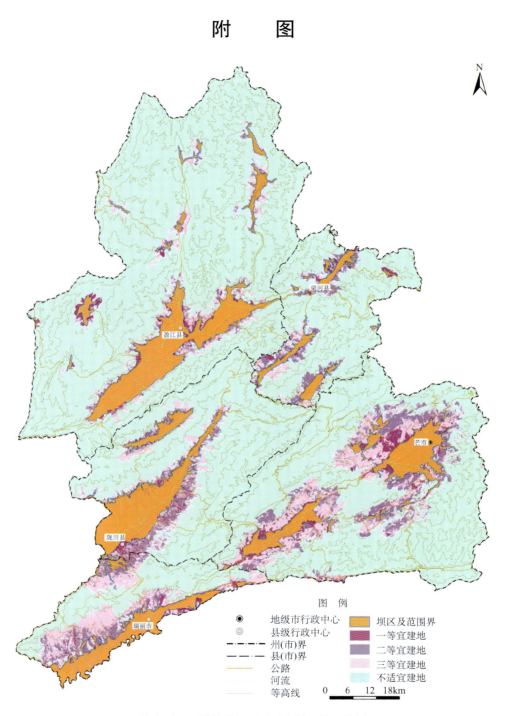

图例

- ◉ 地级市行政中心
- ◎ 县级行政中心
- —·—·— 州(市)界
- — — — 县(市)界
- —— 公路
- 　　 河流
- ········· 等高线

- 坝区及范围界
- 一等宜建地
- 二等宜建地
- 三等宜建地
- 不适宜建地

0　6　12　18km

德宏州山区城镇建设用地适宜性评价示意图